参加型
自主改善活動のすすめ

—自主的な労働安全衛生の実施を目指して—

久宗周二［著］

創成社

はじめに

船員労働災害の発生率は，ほかの産業に比べて高くなっています。平成25年度漁船員の休業4日以上の労働災害発生率は労働者千人ごとに13.5人であり，全産業2.3人の約6倍となっています。平成25年度の漁船員の死亡災害発生率は労働者千人ごとに0.2人であり，全産業の0.04人の5倍となっています。船はご周知のとおり，波浪による船体が揺れ，甲板も濡れた中で作業をしています。特に漁船は，揺れる中で網を上げたりするため労働災害が多くなっています。

船員の労働災害の防止を図るためには，船内の労働環境を改善することが必要です。しかし船舶は，船種，大きさ，海域により仕様，船内設備が大きく異なります。そこで，個々の船舶ごとに船員による自主的に船内を改善することが効果的です。

船内向け自主改善活動（Work Improvement on Board 以下WIBとする）は，船内で実現可能なリスクアセスメントの手法の1つとして考えられました。現在多くの船員を対象にしたWIBの研修会が全国各地で開催されて，多くの改善事例が報告されるようになりました。この本は，WIBの説明を中心に，事例を紹介しながら，どのように進めたらいいか，またどのような改善をすればよいかがわかるようになっています。

国際労働機関（以下ILOとする）において，60を超える船員の労働基準に係る条約を統合する，海事労働条約が2006年2月締結されました。ほかの国際海事機関（以下IMOとする）条約と同じく，船員の健康と安全を守る面での国際的な基準となることが期待されています。船員災害防止基本計画において，「船内の労働災害の一層の減少を図るためには，船内での危険要因の特定・評価（リスクアセスメント），安全衛生目標や安全衛生計画の作成・実施，当該計画の実施状況や効果の確認とさらなる改善措置の実施等を継続的に行う手法（以下「船内労働安全衛生マネジメント」）の導入がより効果的であるとされる。」としています。本書では，WIB 式船内労働安全衛生マネジメントについてもしております。比較的，短時間でわかりやすいと好評で，実際に導入をしている船舶所有者の実例も示しております。船内労働安全衛生マネジメントの導入を図ろうとする船舶所有者等が活用できます。

本書は労働科学研究所小木和孝博士と連名で英語版の「自主改善活動のすすめ」を作成しました。

本書の補足として株式会社創成社様のホームページ（http://www.books-sosei.com/）他でも掲載しておりますので，是非ご活用ください。

船内の改善活動に実際に役立てていただき，安全で働きやすい船内環境の向上とともに作業を改善して効率化して快適な職場の形成をめざします。船員災害防止と，持続的な経営に役立てることを望みます。

平成 28 年 4 月吉日

久宗周二

目　次

第１章

海上における労働災害防止のための取り組み

1.1　労働災害の現状

1．船員の労働災害

船員労働災害の発生率は，ほかの産業に比べて高くなっています。平成25年度の漁船員休業４日以上の労働災害発生率は，労働者千人ごとに13.5人であり，全産業2.3人の約６倍となっています。平成25年度の漁船員の死亡災害発生率は労働者千人ごとに0.2人であり，全産業の0.04人の５倍となっています。船はご周知のとおり，波浪による船体の揺れ，甲板上も濡れた中で作業をしています。特に漁船は，揺れる中で網を上げたり，釣り上げたりするためより労働災害が多くなっています。参考資料として，平成18年度までの過去30年間の産業別労働災害発生率の推移を図表１－１に示します。昭和53年度の労働災害発生千人率（労働者千人当たりの災害発生率）は，船員の全船種が27.6人でしたが，陸上の全産業が9.9人であり約2.8倍です。全産業の労働災害発生千人率は，昭和53年に10人でしたが年々減少して，平成18年には２人まで減少しています。一般船舶の労働災害発生千人率は，昭和53年は23人でしたが，年々減少して，平成18年には，９名に減少しています。そして，漁船の労働災害発生千人率は，昭和53年に31人でしたが年々減少して，平成18年には18人に減少しています。船員の労働災害は，減少しているものの，陸上産業での労働災害発生率の減少には及ばないのが実情です。

図表１－１　過去 30 年間の産業別労働災害発生率の推移

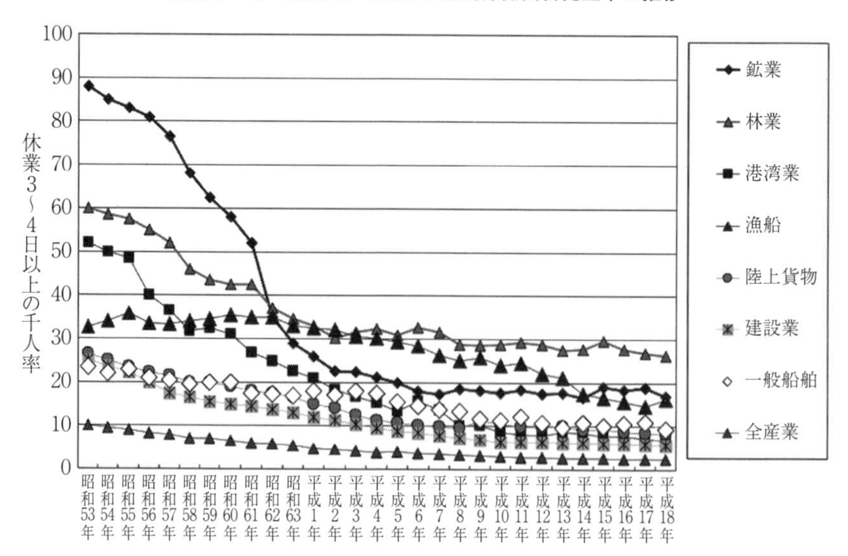

出所：船員の災害発生率は，船員災害疾病発生状況報告書（船員法第 111 条）による。陸上労働者の災害発生率は，厚生労働省の「職場のあんぜんサイト」で公表されている統計値から算出。

次に図表１－２より平成 18 年度までの過去 10 年間の産業別労働災害発生率の推移をみています。どの産業も，年々減少していますが，減少率が緩やかになって，横這い傾向が続いています。一般船舶の労働災害発生千人率は，近年 10 人前後で横這い傾向にあります。平成 18 年では全産業に比べて約 2.5 倍の労働災害発生率です。漁船は，近年減少傾向ですがいまだに高い水準です。

図表１－２　過去 10 年間の産業別労働災害発生率の推移

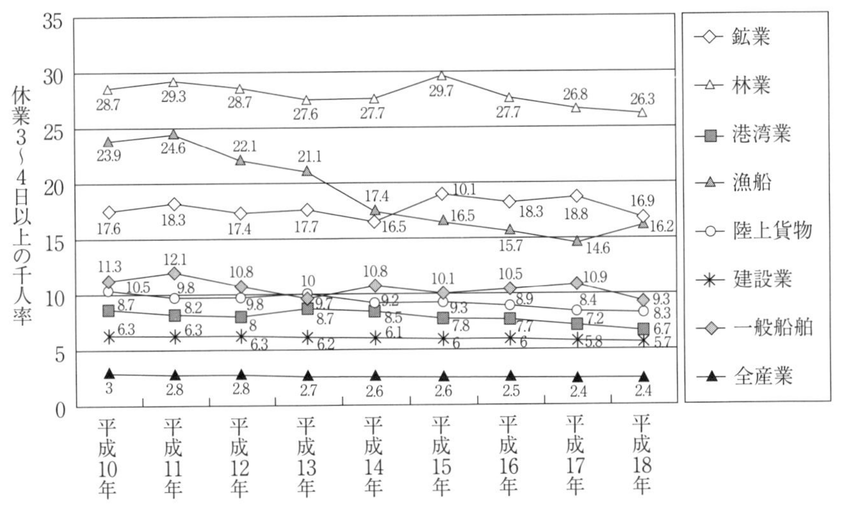

出所：船員の災害発生率は，船員災害疾病発生状況報告書（船員法第 111 条）による。陸上労働者の災害発生率は，厚生労働省の「職場のあんぜんサイト」で公表されている統計値から算出。

船員の労働災害を船種別に見ると，漁船員の労働災害発生の千人率が非常に高く，一般船舶やその他の約２倍であり，漁船の労働災害が船員全体の労働災害の発生率を高めています。漁船員の労働災害の原因を作業別に見ると，漁ろう作業中が半分以上を占めており，態様別に見ると，はさまれ，転倒，飛来落下が全体の半数となっています。今後，日本の海運業，漁業を継続発展させていくためには，商船，漁船を含めて，船員の確保と労働災害の減少が不可欠な条件です。船員の労働災害が多いことは，若者が船員職業を選択する際の大きな障害になると考えられます。

１.２　今後の方策

１．労働災害防止の新しい視点

船員労働安全衛生規則では，作業者が，労働災害発生の発生要因に対して，防護，不接近，回避が規定されており，実際に規則が守られていれば，労働災害の大部分は防げると考えられています。しかし，現実には労働災害が数多く発生しており，現場では，規則が十分に守ることができないさまざまな要因が存在します。実際に現場の作業がどのように行われ，なぜ船員労働安全衛生規則などが守られていないのかを詳細に検討する必要があります。

船員労働安全衛生規則は，船舶所有者に対して，船内を安全かつ衛生的にするための基準，船員が災害を起こさないようにするために作業ごとのとるべき措置を具体的に定めています。例えば，船舶所有者は，高所（床面から2m以上）においては，作業者に保護帽および命綱または安全ベルトを使用させることと規定しています。船員労働安全衛生規則が守られていれば，労働災害は起こらないはずです。しかし，作業内容が複雑，多様化して，一般的規則では対応しきれない部分があると考えられます。そのうえ，従来の労働災害防止対策は，トップダウンによるものが主流でした。しかし，ここ何年かのように労働災害の発生率が，ほぼ横ばいであり，減少しないことを考えると，新しい労働災害防止の方法を考える必要があります。

2．安全に対する動向

国際航海に従事する船舶は，船舶安全法施行規則（12条の22）によって「安全管理システム」の実施が義務化されています。船舶所有者は，国際航海に従事する旅客船および総トン数500トン以上の船舶の航行の安全を確保するため，SOLAS条約付属書（第9章第1規則第1項）国際安全管理規則（以下ISMコードとする）に従わなければなりません。ISMコードでは船舶および船舶を管理する船舶所有者の事務所において行われるべき安全管理に関する事項について，安全管理手引書を作成して，これを当該船舶内に備え置かなければならないとしています。国内航海に従事する船舶では，内航貨物船は内航海運業法（第9条）および，内航旅客船は海上運送法業法（第10条の3）によって平成18年10月から「運輸安全マネジメントシステム」が義務化されました。一般旅客定期航路事業者等は，国土交通省令で定めるところにより，安全管理規程を定め，国土交通大臣に届け出なければならないことになっています。

国際労働機関（以下ILOとする）の「労働安全衛生マネジメントシステム」では（日本語翻訳厚生労働省労働基準局安全衛生部計画課国際室），その目的は，「危険有害要因及びリスクからの労働者の保護や労働災害の根絶等に寄与すること。」としています。その詳細を前文からみると，「強靱さ，弾力性及び事業場における継続可能な安全文化の育成のための適切な基礎を与えるものです。このように，ILOは，労働安全衛生マネジメントシステム（Occupational Safety and Health Management System，以下OSHMSという。）についての自主的なガイドラインを策定しました。これは，ILOの存在意義と労働者の安全と健康を確保するにふさわしい手段を提示しています。このガイドラインは，労働安全衛生管理に責任を有するすべての者が使用することを意図しました。また，このガイドラインは，法的な拘束力を持つものではなく，国の法令や基準に置き換わることを意図されたものでもありません。さらに，その適用において，認証を求めるものでもありません。労働安全衛生について組織的に対応することは，事業者の責任であり，義務があります。OSHMSを実施することは，この義務を全うするための一つの有力な手段です。OSHMS対策の継続的な改善の達成の手段を提示することで，事業場や権限ある機関を支援しようとするものです。」としています。

平成11年4月に労働省が労働安全衛生マネジメントシステムガイドラインを告示し，平成17年の労働安全衛生法の改正を踏まえて，平成18年3月に改正されています。中央災害防止協会が，「JISHA適格OSHMS」の認定基準，および適格基準をつくり，組織のマネジメントステムを評価，認証しました。認証された機関は労働災害発生率が低下し，成果が現れてきています。また，中央労働災害防止協会では「中小規模事業向けリスクアセスメントの進め方」検討委員会を設置し，経営者をはじめとするスタッフに「中小企業のための職場のリスクアセスメント」を発刊するなど，積極的な活動を行っています。

船員においても船員災害防止基本計画において，「船内の労働災害の一層の減少を図るためには，船内での危険要因の特定・評価（リスクアセスメント），安全衛生目標や安全衛生計画の作成・実施，当該計画の実施状況や効果の確認とさらなる改善措置の実施等を継続的に行う手法（以下「船内労働安全衛生マネジメント」と言います。）の導入がより効果的であるとされる。」としています。船内労働安全衛生マネジメントに関する検討会を設置し，自主的に船内労働安全衛生マネジメントの導入を図ろうとする船舶所有者等が活用できるガイドラインの作成等が行われています。

陸上産業では，1999 年 4 月に厚生労働省が，「労働安全衛生マネジメントシステムに関する指針」を発表して，各会社の「安全衛生マネジメントシステム」を確立しています。国際的には，2001 年 6 月 ILO が，「労働安全衛生マネジメントシステムガイドライン」を採択して，各国の「労働安全衛生マネジメントシステム」の確立を支援しています。ILO において，60 を超える船員の労働基準に係る条約を統合する，ILO 海事労働条約が 2006 年 2 月に締結されました。ほかの国際海事機関（以下 IMO と略す）条約と同じく，船員の健康と安全を守る面での国際的な基準となると考えられます。2006 年の海事労働条約の第 4.3 基準健康および安全の保護ならびに災害の防止の中で，「(a) 加盟国の旗を掲げる船舶における職業上の安全および健康の政策および計画（危険性の評価並びに船員の訓練及び教育を含む）の策定ならびに効果的な実施および促進，(b) 船内における職業上の災害，負傷及び疾病を防止するための妥当な予防措置（環境の要素及び化学物質の有害性にさらされる危険並びに船内の設備及び機関の使用から生ずる可能性のある負傷又は疾病の危険を減少させ，及び防止する措置を含む。），(c) 職業上の災害，負傷及び疾病を防止し，ならびに職業上の安全及び健康の保護を継続的に改善するための船内の計画であって，船員の代表者及び当該計画の実施において関係するすべての者に関係し，予防措置（工学的な及び設計上の管理，共同及び単独の任務の過程及び手続の代替並びに個人用保護具の使用を含む。）が考慮されたもの」としています。

3．船内労働安全衛生マネジメントシステム

これまでの安全衛生管理は「法規準拠型アプローチ」として，①船員法，②

船員労働安全衛生規則，③船員災害防止活動の促進に関する法律などの法令遵守に主眼を置いた災害防止活動でした。しかし「労働安全衛生マネジメントシステム」などの新しい安全衛生管理では，その特徴として自主対応型アプローチが進められてきています。

①ISMコード，②内航海運業法および海上運送法業法に従って，会社や船の実情に応じて，PDCAサイクルの考え方を取り入れた安全管理システムを構築していきます。さらに，人から言われてやるのではなく，船員一人一人がみずから行動して，自主的な事故防止活動をすすめていきます。今後は，法規準拠型アプローチに加え，自主対応型アプローチにより，労働災害防止に努めることが重要になってきます。

国土交通省海事局では，平成20年8月より船内労働安全衛生マネジメントシステム検討会が開催されました。その趣旨を引用するならば，「安全衛生管理のノウハウを蓄積した団塊世代のベテランの船員が今後大幅に退職する時期を迎えて，船内において安全衛生管理のノウハウが十分に継承されないことにより，船内の安全衛生水準が低下し，労働災害の発生の増加を懸念します。

平成18年2月に採択されたILO海事労働条約においても，船内における安全衛生委員会の設立及び船内安全衛生の継続的な改善が求められています。第九次船員災害防止基本計画において，船内の労働災害の一層の減少を図るためには，船内での危険要因の特定・評価（リスクアセスメント），安全衛生目標や安全衛生計画の作成・実施，当該計画の実施状況や効果の確認とさらなる改善措置の実施等を継続的に行う手法（以下「船内労働安全衛生マネジメント」と言います。）の導入がより効果的であるとされます。」としています。この本では，自主的に船内労働安全衛生マネジメントの導入を図ろうとする船舶所有者に対して，船内で実現可能なリスクアセスメントWIB方式船内労働安全衛生マネジメントシステムの一手法として解説しています。

「自分たちの職場は自分たちで守る。だから，自分たちで点検して，自分たちで改善していく」を念頭に，船内向け自主改善活動（以下WIBと略す）の手法を学び，良い改善事例などを参考にして，乗組員全員の積極的なリスク発見への参加と，職場改善への取り組みが重要です。全員による，自主的，低コストで無理せず，できることからリスクを見つけて改善し，労働災害防止を継続して進めていきましょう。

第２章

船内向け自主改善活動（WIB）の特徴

2.1　リスク（危険）管理の考え方

1．安全は金食い虫？

単純に考えると，安全にお金をかけても，急に売上げが上がることはありません。また，費用がかかった分，コストの増大にもつながります。しかし，儲からないからといって，安全に対して配慮をしなくてよいのでしょうか。もし，事故や労働災害が発生すると，現場検証などで仕事ができなくなります。事故の補償や再発防止策で，安全対策をするよりも多額の費用が発生するかもしれません。また，事故が報道されると，会社としての信用を落とします。顧客の減少，販売機会の減少，売上，給料の削減や未払いなど，最悪の場合は経営できなくなることがあります。特に中小企業では大きな事故や労働災害によって，会社が破産したり，清算する事例も数多くあります。

安全を対策することで，会社の継続的な発展ができます。持続的な安全対策をするうえで労働安全衛生マネジメントは有効な手段です。

次に，リスク（危険）の管理について，おとぎ話を例にして考えてみましょう（話によっては，多少原作本と違うことがあります）。

例えばおとぎ話の中のリスク（危険）を例にして考えてみます。「うさぎとカメ」の話の中では，うさぎはカメに抜かされるリスク（危険）（余裕の誤算）があり，寝ているうちにカメに抜かされてしまいます。

「浦島太郎」では，竜宮城の帰り際，乙姫様に「決して空けてはいけません」

と言われた玉手箱を，開けてしまい歳をとってしまうリスクがあります（なぜ玉手箱を渡したかが，不思議ですが）。

「花咲爺さん」では，意地悪爺さんにポチを貸し出し殺されてしまうリスクがあります。

「猿蟹合戦」では，蟹が柿を猿に採らせる，それにより渋柿を当てられて蟹が死んでしまうリスクがあります。

「カチカチ山」では，タヌキは兎に言われて，山にまき拾いに行き火をつけられてしまうリスクや，魚を捕りに行って，泥舟に乗せられて沈んでしまうリスクがあります。

次に，それぞれの話でリスク（危険）を低減させる方法を考えてみましょう。

「うさぎとカメ」では，うさぎはゴールしてから休めばリスクが減ります。

「浦島太郎」では，玉手箱を渡されたときに，玉手箱の受け取りを拒否すれば，歳がとらなくてすみました。またはその場で開けようとすると，乙姫様が止めたかもしれません。

「花咲爺さん」では，意地悪爺さんにポチを断固貸さなければリスクは減ります。

「猿蟹合戦」では，蟹が猿を頼らずに，柿が落ちるのを待てばリスクは減ります。

「カチカチ山」では，タヌキが兎に付き合わなければリスクは減ります。

いずれもリスクの低減にはなりますが，話としてはつまらなくなります。また，リスク（危険）を低減させるために，多角的な対策もとれます。

おとぎ話で見る，多角的対策では，「桃太郎」では，桃太郎が鬼ケ島で鬼を退治する前に，猿，犬，雉にキビ団子を与え，味方にすることにより，多角的な攻撃ができて勝利をします。

「猿蟹合戦」では，異種連合軍により蟹が勝利をおさめます。

「カチカチ山」では，兎に言われて薪を取りに行く時に，火をつけられてもわからないので，周囲の確認，相手の動向の確認をします。また，魚を捕りに行く時に泥舟に乗せられる前に，耐久性の確認したり，相手の船と交換をすることによりリスクを回避できます。

船内向け自主改善活動の基本は，全員参加です。経験上，危ないと思った場所を

1．良い事例を参考に
2．簡単なチェックリストによる評価
3．改善活動すすめ方シートによる改善

していきます。全員が参加することにより，いろいろな視点が取り入れられて，わかりやすく，短時間で自分たちの職場の効果的な改善ができます。

2.2　WIB の特徴

WIB は，ILO が作成した中小企業向け自主改善活動（Work Improvement Small Enterprise，以下 WISE と略す）を船内向けに改善したものです。全員が良好な事例を参考にして，簡便な WIB チェックリストで職場の改善点を見つけ，低コストで，無理せずに，改善活動ができます。

国土交通省では船員の労働安全衛生を推進するために，平成 25 年度より開始した第 10 次船員災害防止基本計画では，主として中小船舶所有者を中心とした船内向け自主改善活動（WIB）の普及啓発に取り組むため，平成 27 年度から３年間「自主改善活動指導員」が計画，実施しています。

自主改善活動の基本的な考え方は，「自分たちの職場は自分達が一番よく知っているので自分たちで守る。だから，自分たちで点検して，自分たちで改善していく。」で，労働災害が発生して被害を受ける前に全員で改善して，労働災害を予防していきましょう。一人一人が，みずから安全対策をつくり，労働災害の未然防止を図ることが重要です。本稿で紹介しているチェックリストなどのツールや，活動事例は皆さんの活動をお手伝いするものです。船舶は，船種，大きさ，海域により仕様，船内設備が大きく異なります。個々の船舶ごとに自主的に船内を改善することが必要です。

船員は船で生活しているケースが多く，しかも通常は4時間ごとの1日2回の交代制勤務をしております。そのため，まとまった時間がとりにくく，乗組員全員が一斉に揃うことが難しいです。あまり労力をかけずに短時間で，効率的に自主改善を行うことが必要です。

従来，船員自身でも労働環境の安全性を高めるために，たゆまない努力を続けてきました。しかし，その一方でせっかく行われた改善も書類として残していなかったために，後に続かない場合や，ほかの船に応用されないこともありました。また，一生懸命に改善に向けた船があっても，評価されないまま，船員がすべて交代してしまうと継続されない場合も多いです。

そこで，小さな集団でも継続して改善活動ができる，WISEに着目しました。ILO-OSH2001に準拠したWISEは，建設や農業を含めて各産業で国際的に成果を上げています。WISE方式は「実用的で使いやすい訓練教材とトレーナー訓練アプローチ」としてILO労働安全衛生に関する決議がされました（2003年）。アジア，中南米，アフリカでのWISE方式が普及しています（トレーナー訓練を含む）。

アクション型チェックリストはISO筋負荷基準に採用されています。アクション型チェックリストは，改善の対策を指向しており，従来の○×式のチェックリストであると，点検・評価後にどのような改善をしなければならないかを考えなければなりませんでした。それに比べて，アクション型チェックリストは「改善が必要」と評価されたならば，アクション型チェックリストの項目に書かれている内容やイラストがヒントになり，改善を出しやすくなります。

ILOの労働安全衛生マネジメントシステムを推進させるためツール，「OSH Management System：A tool for continual improvement（労働安全衛生マネジメントシステム：持続的な活動のためのツール）」の11ページ「小規模事業」において，「中小企業向け自主改善活動（WISE），小規模農業向け自主改善活動（WIND），商業労働貿易組合向け自主改善活動（POSITIVE）などのトレーニングパッケージが，ILOによって広く開発されて，実行されています。」と記されています。

　現場の作業者とグループワークをすることにより，生産性の向上と労働安全衛生分野における改善が容易に行われています。

　下記に従来の安全対策のイメージ（安全担当者中心）と，自主改善活動による安全対策のイメージを図示します。

図表２－１　今までの安全対策のイメージ

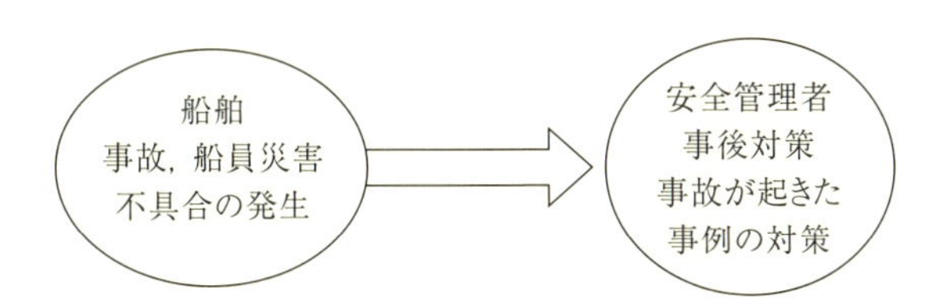

・災害の発生に対して，再発防止をするために対応します。
・過去の経験から事例を集めますが，以前事故が起きていない箇所への改善が不十分なことがあります。
・専門家や特定の乗組員だけで安全をすすめるため，多面的な設備の改善や，作業方法の改善が漏れてしまうことがあります。

図表２－２　WIB を元にした改善活動（全員参加型）のイメージ

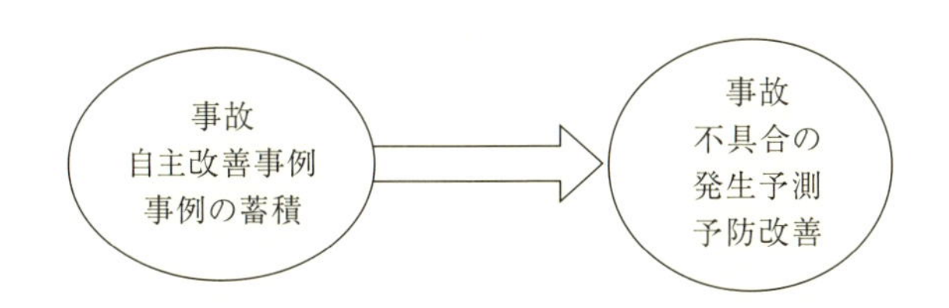

・労働災害の発生を予測し，事前に対応します。被害を受ける前に全員で予防します。
・改善対策の策定は，乗組員全員の仕事として，自分の職場の安全は自分で確保する意識が生まれます。

・職歴に関係なく，良いアイデアがあることを前提に考えているので，部員，若手も参加できます
・良いアイデアは，良い事例として共通の認識となり，ほかの船にも展開することができます。
・アクション型チェックリストで点検することにより，改善を要する点に気づくとともに，改善のためのヒントを得ることができます。
・費用や時間を勘案して，優先して改善すべき点を明確にすることができます。
・不安全箇所に対する着眼点や，考え方を理解することができます。
・職場を多面的にみることにより，船員が改善することに関心を持つことができます。

「安全衛生マネジメントシステム」の中で自主改善の視点によるリスクアセスメントを船内に普及させるために，短時間で使いやすいツールとしてWIBを開発しました。

従来のWISE方式の自主改善活動では，トレーナー（指導者）は，3日間の教育プログラム等を受ける必要がありますが，船内での少ない人数による運営，交代制勤務形態を考えて，WIBでは短時間（初回は45～120分程度，2回目からは30分～90分程度）で活動できるプログラムを考えました。

WIBでは，船社側は安全衛生目標や安全衛生計画を作成して，船員に対して安全衛生に関する教育・研修をすることが必要です。加えて，船内での危険要因の特定・評価（リスクアセスメント）を会社側が改善活動のための人件費，および必要な道具，資材の提供と，実施状況や効果の確認が必要です。会社の方針，安全衛生計画などの支援がなければ，いくら現場で活動しても継続的に行うことができません。職場の労働安全衛生を進めるには，会社と船員が車の両輪のように，WIBを理解し，協力し合って改善を進めていく必要があります。

現在，WIB の商船，旅客船向けプログラムを国土交通省が，漁船向けプログラムを水産庁が実施しています。

①　貨物船，旅客船向け WIB について（国土交通省補助事業）

平成 25 年から開始した，第 10 次船員災害防止基本計画に組み込まれて，初年度は調査事業，２年度目は検討事業が，３年度目の 2015 年より普及事業が行われます。

WIB は船内労働安全衛生マネジメントシステムを推進するための方法として紹介されています。具体的な内容としては，平成 27 年度船員災害防止実施計画で紹介されています。

「死傷災害の防止に向けた取組の一環として，船内での危険要因の特定・評価（リスクアセスメント），安全衛生目標や安全衛生計画の作成・実施，効果の確認と更なる改善措置の実施等を継続的に行う船内労働安全衛生マネジメントシステムの導入を引き続き推進するとともに，船内労働安全衛生マネジメントシステムの導入が難しい船舶所有者については，より簡単にできる船内向け自主改善活動（以下，「WIB」という。）の導入を推進する。国は，WIB の普及を図るため，WIB 指導員養成のための講習会を実施する等，普及促進に努める。」

国土交通省の平成 27 年度の海事レポートの中で WIB は以下のように紹介されています。

「船内向け自主改善活動（WIB）

WIB（Work Improvement on Board）とは，船員本人のチェックリストによる船点検を通じて，各船員が船内の危険箇所・問題点等を認識し，その対策を講ずるとともに，安全意識の向上を図るもの。」

②　WIB 式船内労働安全衛生マネジメントシステム

船内労働安全衛生マネジメントシステムの導入促進をするために，簡便にできる（15 分で読める）WIB 式船内労働安全衛生マネジメントシステムを考案しました。

2015年度は，国土交通省がWIBの普及促進をするために指導者養成に向けた課題等の調査をするために，全国9カ所で講習会を開催して345名が参加していました。参加者に無記名のアンケートをしたところ，8割以上の参加者が「わかりやすい」，「有効」，「実用的」と評価していました。中国や東北運輸局では運航労務監理官が，船員に労働安全を指導する際にWIBを積極的に活用すると意見が出されました。

③　漁業向けWIB（水産庁補助事業）

水産庁補助事業「安全な漁業労働環境確保事業」漁業カイゼン講習会では，漁業の労働環境のカイゼンや海難の未然防止などの知識を持った「安全推進員」を養成しています。その中心に，参加型自主改善活動（Participatory Action-Oriented Training，以下POATという）をベースにした，WIB船内自主改善活動として，良い改善事例の選択，アクション型チェックリストと改善活動すすめ方シートの講習，可能な時は船の点検を行っています。事業の内容は平成25年の「水産の動向（水産白書）」で以下のように紹介されています。

「国では，平成25（2013）年から，漁船の航行や操業時の安全性に関する知識や，漁労作業時の危険箇所を事前に特定し対策を講ずる「参加型自主改善活動」に関する知識を身につけた者を「安全推進員」として養成し，漁業者が自ら安全な漁業労働環境を構築することを支援しています。」

また，内閣府の交通安全白書でも，この事業を以下のように紹介されています。

「水産庁では，漁船の海難や海中転落事故に対する安全対策の強化を図るため，漁船の労働環境の改善や海難の未然防止等について知識を有する「安全推進員」を養成し，漁業労働環境の向上等を通じて海難事故の減少を図るとともに，ライフジャケット着用推進のための普及啓発を行うなど，所要の施策を講じました。」

その他WIBの活動を，日本海難防止協会情報誌『海と安全』では「漁船の安全対策の取り組み」と「小型船の自主改善活動について」，船員災害防止協会機関誌『船員と災害防止』では「WIB（船内向け自主改善活動）について」，漁船保険中央会『波濤』では「安全推進員講習会の効果について」，JF 全漁連発行『くみあい』では「漁業の安全の現状と今後の取り組みについて」，全日本海員組合発行の機関誌「海員」では「船員の労働環境と自主改善活動の取り組み」など取り上げています。

現在，日本では政府をはじめ各関係機関で WIB を紹介しており，普及を支援しています。

なお詳しくは第５章で述べますが，上記を改善だけで終わらせず，年間計画を立てて船内の労働安全衛生活動を促進するために，簡便にできる（15 分くらいで読める）WIB 式労働安全衛生マネジメントシステムを作成しました。WIB 式労働安全衛生マネジメントシステムをより推進するためにアドバイスと認証する機関として，一般社団法人　自主改善活動協会を設立して，普及を図っています。2016 年度は，島根県のフェリー会社が WIB 式船内労働安全衛生マネジメントシステムに取り組み，認証を受けました。

第3章

船内向け自主改善活動（WIB）実施方法

WIB マニュアル（図表3－2）は全ページ，ストーリー漫画になっており，船員災害防止の流れ，船内労働安全衛生マネジメントシステム，自主改善活動の方法，チェックリストの良い改善事例の使い方などが，10～20分程度で読むことができます。自主改善活動の基本的な考え方は，船舶は，船種，大きさ，海域により，仕様・船内設備が大きく異なります。個々の船舶ごとに自主的に船内を改善することが必要です。

「自分たちの職場は自分たちで守る。だから自分たちで点検して，自分たちで改善していく」と考えて，皆さん一人一人みずからが

図表３－１　解説書

出所：安全推進員テキスト・漁業の安全を守る７つのポイント・船の安全チェックリストより抜粋。

図表３－２　国土交通省船内版自主改善活動のすすめ（右）安全推進員テキスト（左）

安全対策をつくり，災害の未然防止を図ることです。本稿で紹介しているチェックリストなどのツールや活動事例は，皆さん（一人でもできます）の活動をお手伝いするものです。準備としては，船内向け自主改善活動チェックリスト（様式2），改善活動すすめ方シート（様式3）をご用意ください。それらは本書に掲載されていますし，国土交通省，または船員災害防止協会のホームページからダウンロードできます。簡易版の漁業者向けマニュアルは全国漁業就業者確保育成センターのホームページから無料でダウンロードできます。

3.1　具体的な進め方

WIB研修会は，図表３－３のようにステップを踏んで実施できるように工夫をしています。

はじめに労働災害の実態を知り，リスクアセスメントの重要性や，職場の改善について理解をします。

次に，チェックリストの使い方について学びます。ほかの船内での良好な事例を学ぶために，よい改善事例写真を見ながら，どの改善が自分にとって「いいな」と思ったかを選びます。「いいな」と思った事例は，自分自身の職場でも活用できる良い事例だと考えられます。

そして，28項目のチェックリストを使って，実際に自分の職場を点検してみましょう。比較的簡単に実施ができ，低コストで効果のあるものに「優先します」をチェックします。

職場の点検が終わりましたら，改善活動すすめ方シートを使って，最初に取りかかる３つの改善項目を記入します。それは，比較的簡単に実施ができ，低コストで効果のあるものから取りかかります。どんなにすばらしい改善でも，費用が大幅にかかったり，手間がかかりすぎたり，技術的に困難な案件であれば改善は実施されず，結局は絵に描いた餅で終わってしまいます。チェックリスト「優先します」欄にチェックされていれば，スムーズに選択できます。改善項目が決まれば，具体的な日程や実施日を決めて記入し，改善が終わったら実施した内容と，写真を貼り付ければよいのです（写真は拡大して，事務所の壁や船内に掲示し改善を完了できたと感じ自信につながります）。

本書では，順番に読んでいくとWIBの方法について自然に理解できるように構成しています。

図表3－3　WIBの実施方法

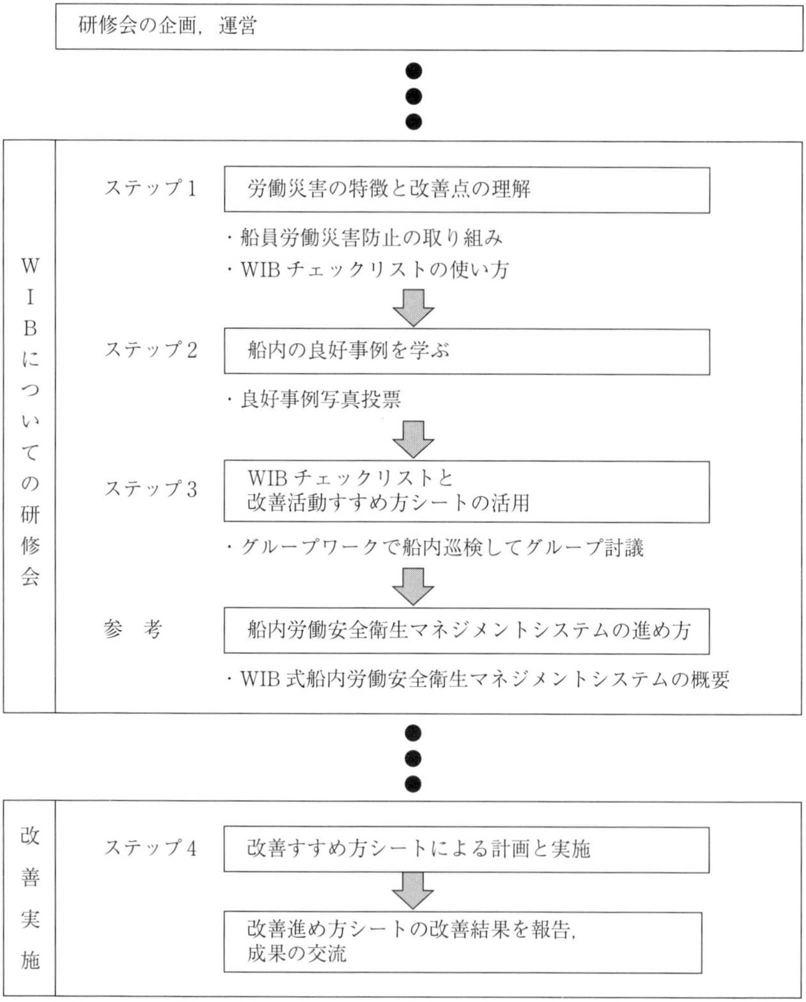

研修会の企画，運営

WIBについての研修会

ステップ1　労働災害の特徴と改善点の理解

・船員労働災害防止の取り組み
・WIBチェックリストの使い方

ステップ2　船内の良好事例を学ぶ

・良好事例写真投票

ステップ3　WIBチェックリストと改善活動すすめ方シートの活用

・グループワークで船内巡検してグループ討議

参　考　船内労働安全衛生マネジメントシステムの進め方

・WIB式船内労働安全衛生マネジメントシステムの概要

改善実施

ステップ4　改善すすめ方シートによる計画と実施

改善進め方シートの改善結果を報告，成果の交流

ステップ１　良い改善事例の選択

参加人数分の赤と黄色のポストイットを用意してください（ほかの異なる色でも結構です）。参加者それぞれで，一番良いと思う事例に赤いポストイット，二番目に良いと思う事例に黄色いポストイットを写真に貼り付けてください。一番投票が多かったものが，みなさんが必要と思う事例です。良い改善事例を参考にしながら，改善案を考えてみましょう。

写真３－１　良い改善事例の選択

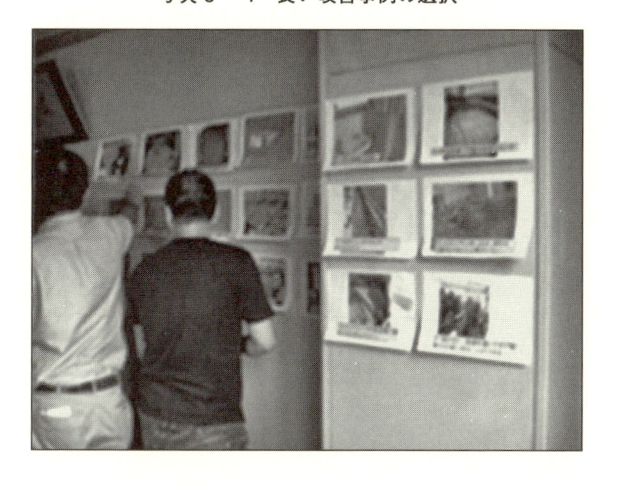

準備１　良い改善事例の写真を拡大コピーして壁に貼ってください。

準備２　参加者に赤と黄色のポストイットを１枚ずつ配布してください（ポストイットは２色で異なる色でしたら何でも結構です）。

実　施　参加者それぞれが，一番良いと思う事例に赤いポストイット，二番目に良いと思う事例に黄色いポストイットを写真に直接貼り付けてください。

最後に，集計をしてどのような改善に人気があるのかを発表してください。

- コピーできない，ポストイットがない，写真などを貼る場所が取れない，人数が少ない場合などでこの方法ができない場合は，このテキストを用いて，「一番良い写真」，「二番目に良い写真」を参加した各自で１つずつ選んで，チェックしてください。

  ※最後に，責任者に渡してください。責任者は集計をしてどの改善が人気だったかを示してください。

様式１　良い改善事例

１．転落・転倒を防止します

一番良い		二番目に良い	

ステップには警戒塗装と滑り止め

２．使いやすい道具置きがあります

一番良い		二番目に良い	

作業に便利な可動式道具入れ

３．衝突を防止します

一番良い		二番目に良い	

見づらい所にはミラーの設置

４．色で識別します

一番良い		二番目に良い	

床面のふたが色分け

５．情報を共有します

一番良い		二番目に良い	

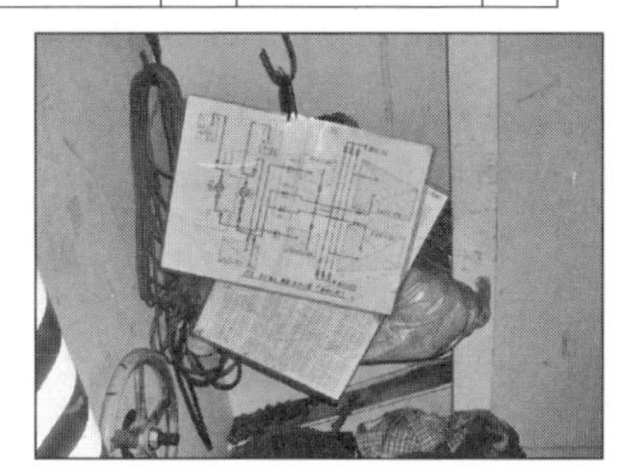

作業内容を写真入りでわかりやすく

６．作業を確認します

一番良い		二番目に良い	

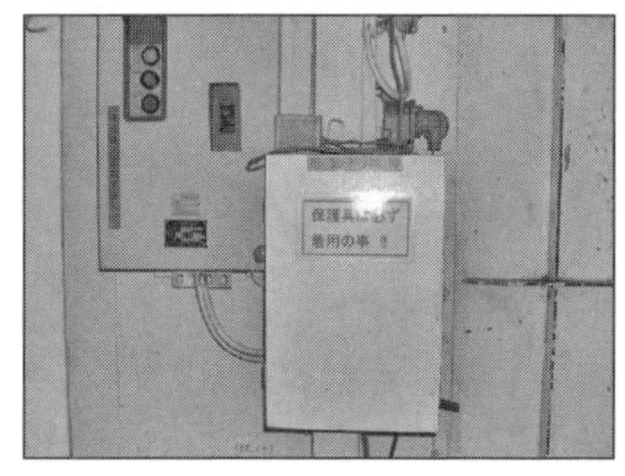

作業する前に必ず保護具を確認する

7．職場の環境を改善します

一番良い		二番目に良い	

作業中の暑さをやわらげるスポットクーラー

8．誤操作を防止します

一番良い		二番目に良い	

エラー防止の手作りカバー
（発砲スチロール製）

9．身体を保護します

一番良い		二番目に良い	

衝突防止の緩衝材

10．非常時の設備はわかりやすくします

一番良い		二番目に良い	

非常設備は，色と文字で表示

11．作業に必要なものは近いところに置きます

一番良い		二番目に良い	

手近なところに脚立を配備

12．足りない部品が一目でわかります

一番良い		二番目に良い	

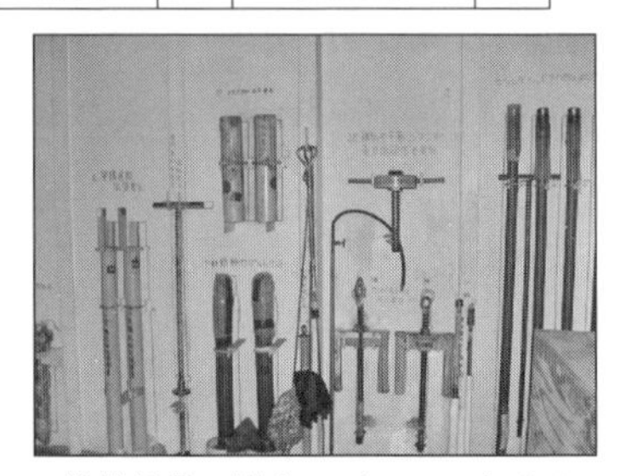

補給部品の影をマジックでなぞる

13. 機械にわかりやすい表示をつけます

一番良い		二番目に良い	

14. 工具の整理整頓

一番良い		二番目に良い	

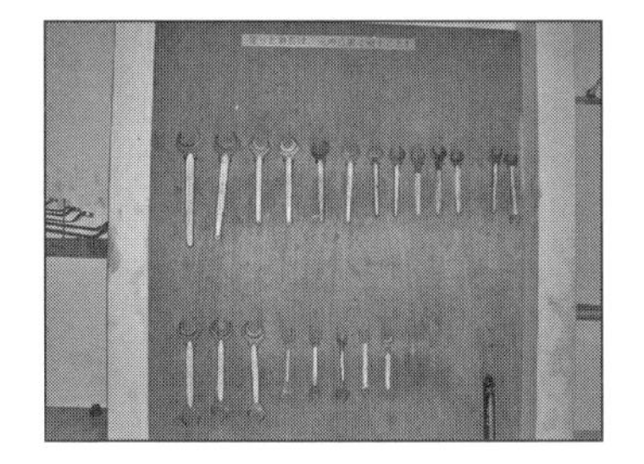

15. スイッチの色分け

一番良い		二番目に良い	

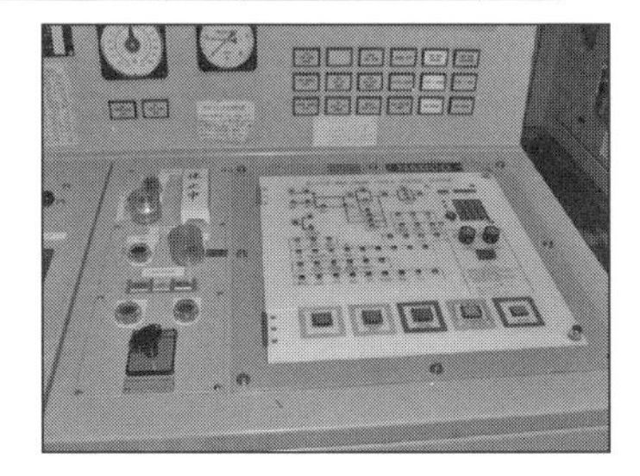

16. 多段階の棚と，吊り具を使っています

一番良い		二番目に良い	

17. ボードを使って機能的に整理します

一番良い		二番目に良い	

18. 良い姿勢でできる作業台があります

一番良い		二番目に良い	

19. 危険物にはわかりやすい表示

一番良い		二番目に良い	

20. 非常時の停止ボタンはわかりやすく

一番良い		二番目に良い	

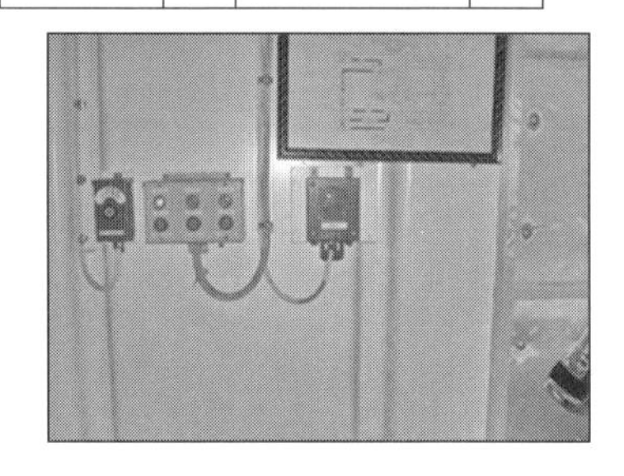

21. 滑りにくい床塗装

一番良い		二番目に良い	

22. ホーサの切断防護策

一番良い		二番目に良い	

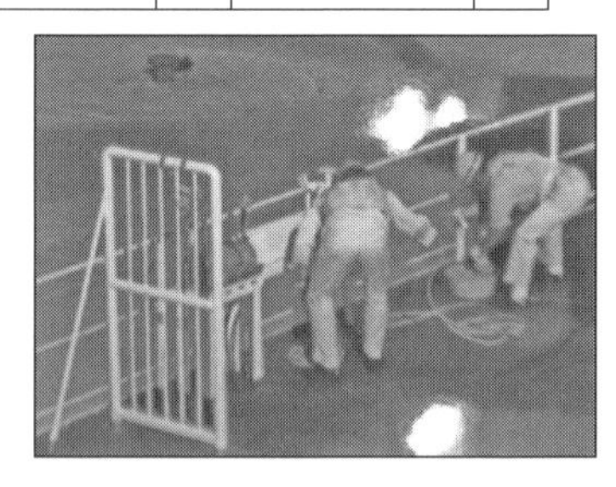

23. 監視モニター

一番良い		二番目に良い	

ステップ２　チェックリストによる点検

チェックリストの各項目に目を通して「今のままで良い」，「改善が必要」，「優先します」にチェックしてください。点検する際のポイントは，日常のイメージを膨らませることです。働いているときに，どこにぶつけたか，どこで足を滑らせたか，どこで挟まれそうになったかをイメージしてください。事故が起こる前に直すことができれば，忙しい時，疲れている時，ふと気が緩んだ時に…改善ができていればぶつかったり，つまずいたり，挟まれたりする怪我をしなくてすみ労働災害の予防になります。

自由記入欄には，良い改善事例や問題にした対策に関する情報や，意見を書き留めてください。29．30 は自分達の職場で必要と思った項目をつけ足してください。

図表３－４　チェックリストの記入方法

実施日　27　年　5　月　○　日　　　　実施者　○　○

項　目	今のままで良い	改善が必要	優先します	
整理・整頓				
1．工具，漁具などのために，使いやすくわかりやすい棚，場所を設けます。 （メモ蘭） ○○に棚を作る	今のままで良い □ ✓	改善が必要 □	優先します □	
2．人や資材が動けるように，通路を確保し，はっきりとした表示をつけます。 （メモ蘭）	今のままで良い □	改善が必要 □ ✓	優先します □ ✓	
3．通路は，障害物やつまずくものがないよう整備します。	今のままで良い □	改善が必要 □	優先します □	

1～28項目のうち「改善が必要」の□にチェックをつけた中で，「優先します」がついている中から優先順位が高いものを３つ選んでください。

写真３－２　船内での点検（左：機関部，右：甲板部）

図表３－５　チェックリストの内容

整理整頓 転倒防止 係船機器，漁労機器 危険の回避 照　明 作業のしやすさ 情報伝達・衛生設備	（項目例） 1．工具，漁具などのために，使いやすくわかりやすい棚，場所を設けます。 12．機械の動く部分や，危険な部分には，ガードを取り付けます。

様式２　船内自主改善活動チェックリスト

実施日　　年　　月　　日　　実施者

整理・整頓	今のままで良い	改善が必要	優先します	
1．工具，漁具などのために，使いやすくわかりやすい棚，場所を設けます。 （メモ欄）	今のままで良い □	改善が必要 □	優先します □	
2．人や資材が動けるように，通路を確保し，はっきりとした表示をつけます。 （メモ欄）	今のままで良い □	改善が必要 □	優先します □	
3．通路は，障害物やつまずくものがないよう整備します。 （メモ欄）	今のままで良い □	改善が必要 □	優先します □	
4．工具は使いやすいように，適切な長さ，厚さ，形のものを使います。 （メモ欄）	今のままで良い □	改善が必要 □	優先します □	
5．置かれているものは，航海中も転倒，落下がないように整備します。 （メモ欄）	今のままで良い □	改善が必要 □	優先します □	
6．よく使う材料や工具を，容易に届く範囲内に置きます。 （メモ欄）	今のままで良い □	改善が必要 □	優先します □	
転倒防止				
7．機関室や居室の床に，水，油がこぼれた場合はただちに拭きます。 （メモ欄）	今のままで良い □	改善が必要 □	優先します □	ウエス

8．滑りやすい場所は，スリップの防止をします。 （メモ欄）	今のままで良い □	改善が必要 □	優先します □	
9．階段等の転落する危険があるところには，手すりや柵を設けます。 （メモ欄）	今のままで良い □	改善が必要 □	優先します □	
10．突起物は取り除くか，カバー，警戒塗装をします。 （メモ欄）	今のままで良い □	改善が必要 □	優先します □	
危険の回避				
11．ライフジャケットや保護具を着用するように声をかけたり，ポスターを貼ります。 （メモ欄）	今のままで良い □	改善が必要 □	優先します □	
12．機械の動く部分や，危険な部分には，ガードを取り付けます。 （メモ欄）	今のままで良い □	改善が必要 □	優先します □	
13．騒音が発生する機械を囲んだり，カバー，耳栓などをします。 （メモ欄）	今のままで良い □	改善が必要 □	優先します □	
14．危険物や，有害なものは保管，隔離換気などで，安全に使用します。 （メモ欄）	今のままで良い □	改善が必要 □	優先します □	

15. 電気を安全に使用されているか確認します。 （メモ欄）	今のままで良い □	改善が必要 □	優先します □	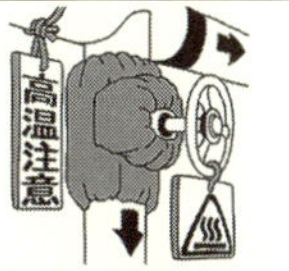
16. 非常停止スイッチや，停止ボタンははっきり表示します。 （メモ欄）	今のままで良い □	改善が必要 □	優先します □	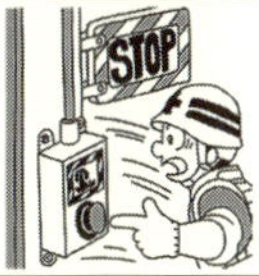
照　明				
17. 全体照明とともに，機械の影などで見えにくい部分には，局所照明をつけます。 （メモ欄）	今のままで良い □	改善が必要 □	優先します □	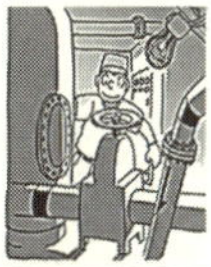
18. 照明器具は，まぶしさを感じさせない方法で，取り付けます。 （メモ欄）	今のままで良い □	改善が必要 □	優先します □	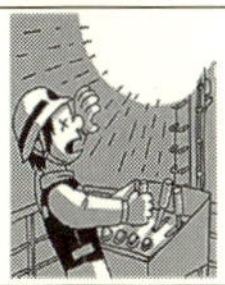
係船機器，漁労機器				
19. 引っかかったり，ぶつけたりする凹凸がないよう整備します。 （メモ欄）	今のままで良い □	改善が必要 □	優先します □	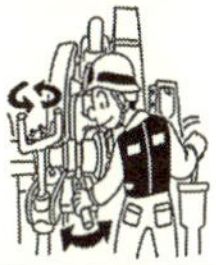
20. 機械等に有害な変形や損傷，腐食がないように整備します。 （メモ欄）	今のままで良い □	改善が必要 □	優先します □	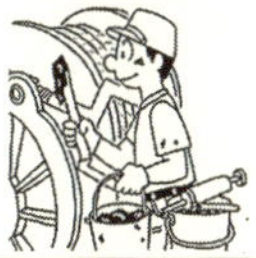
作業のしやすさ				
21. 表示，スイッチ操作盤は，大きさ，形，色で，簡単に見分けられるようにします。 （メモ欄）	今のままで良い □	改善が必要 □	優先します □	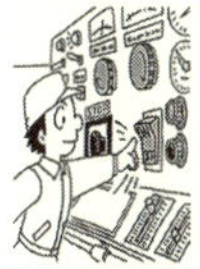
22. 腰を曲げたり，ひねったりする仕事がないように工夫します。 （メモ欄）	今のままで良い □	改善が必要 □	優先します □	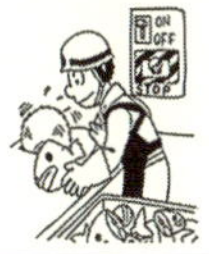

23. 重量物の運搬には，クレーン，台車，ローラーなどを使います。 （メモ欄）	今のままで良い □	改善が必要 □	優先します □	
24. ヒジの高さで仕事ができるように高さを調整します。 （メモ欄）	今のままで良い □	改善が必要 □	優先します □	
情報伝達・衛生設備				
25. 始業前など，作業者が全員で参加するミーティングを行います。 （メモ欄）	今のままで良い □	改善が必要 □	優先します □	
26. 掲示板などを活用し必要な情報が全員に正しく伝わるようにします。 （メモ欄）	今のままで良い □	改善が必要 □	優先します □	
27. 安全で安らぐ休憩場所があり，みんなでコミュニケーションを図ります。 （メモ欄）	今のままで良い □	改善が必要 □	優先します □	
28. トイレや，給水設備などの衛生設備があり，きれいに維持します。 （メモ欄）	今のままで良い □	改善が必要 □	優先します □	
（追加項目　1） 29. （メモ欄）	今のままで良い □	改善が必要 □	優先します □	
（追加項目　2） 30. （メモ欄）	今のままで良い □	改善が必要 □	優先します □	

ステップ３　グループミーティング・改善の実施

各自の調べた「改善すべき事項３項目」と「良好事例３つ」を発表して，改善すべき事項を部署（甲板，機関，サービスなど）ごとに話し合いをして３つに絞ります。まずは，その３つについて実際に改善していきます。部門ごとに話し合った改善案をまとめて，様式３のように記入をしていきます。次のステップとして，「改善活動すすめ方シート」に改善すべき内容（Plan），いつ，どのように実施するかを記入します。会社と話し合って必要な資材や修繕を手配してください。

実際に改善が終われば，「BEFORE（改善前）」，「AFTER（改善後）」の写真をとり改善活動すすめ方シートを記入して，チェックリストとともに保管をしましょう。さらに船内での改善事例を写真に撮り，良い事例として船内に飾れば乗組員の改善意識の向上につながります。

初めに挙げた３つの改善が終わったら，次の３つの改善項目を選んで継続的に実施します。

乗組員全員でチェックリストによる点検を定期的（年数回）に実施して，改善活動を継続的に行います。

自分達が考えて，自分達がやりやすい方法で改善をすすめて，自分達が安全で，働きやすい職場が形成されます。

様式 3　PDCA を考えた改善活動すすめ方シート

改善活動すすめ方シート

	実 施 日	年　月　日	船　名	○○丸	
	メンバー				
優先順位	改善内容	改善計画		改善結果	
		実施日 （実施予定）	備　考 （必要な物など）	実際の改善内容	写　真
1					
2					
3					

改善活動すすめ方シート

	実 施 日	2014 年 6 月 1 日		船　名	○○丸	
	メンバー	甲，乙，丙				
優先順位	改善内容	改善計画			改善結果	
		予　定	実　施	備　考	実際の改善内容	写　真
1	甲板の床が滑るので，滑り止めをつける。	8 月下旬	9 月○～○日	ペンキ○○円×○缶 滑り止め○○円×○缶 ホームセンターで購入	サンド入りのペンキを塗装。	
2	頭上に頭をぶつけるので，クッション材と注意喚起をする。	7 月下旬	7 月○日	ウレタン○○円 トラマーク色のガムテープ○○円 ホームセンターで購入	頭上にウレタンを付ける。 トラマークのテープを付ける。	
3	わかりづらいので，工具が整理・整頓されない。	6 月下旬	6 月○日	ベニア板○○円 L 字フック○○円 ホームセンターで購入	工具がわかりやすいように，大きい順に並べる。	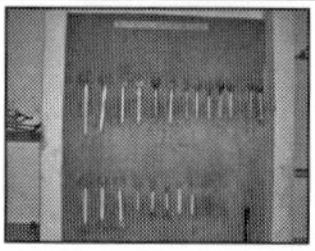

図表３－６　WIB の改善活動すすめ方シートによる実例　（その１）

※ WIB 講習会の後に，船員全員で改善をすすめたフェリー会社（船員約 20 名）の実例です。

改善活動すすめ方シート

	実施日	年　月　日		船　名	フェリー　●●●●●	
	メンバー	●●，●●●，●●，●●●●，●●●				
優先順位	改善内容	改善計画			改善結果	
		予　定	実　施	備　考	実際の改善内容	
1	スラスター室に滑り止めシールを貼る。	9月11日	9月11日	スラスタートンネル部分にテープを貼る。	滑り止めテープを貼る。	
2	機関室，頭上危険箇所に保護クッションを貼る。	9月11日	9月11日		頭上に保護クッションを貼る。	
3	新人船員のため，わかりやすく係船ロープとビットを色分けする。	9月11日	9月11日		ロープとビットに色テープを分けて貼る。	

改善活動すすめ方シート

	実施日	年　月　日		船　名	フェリー　●●●●●	
	メンバー	●●，●●●，●●，●●				
優先順位	改善内容	改善計画			改善結果	
		予　定	実　施	備　考	実際の改善内容	写　真
1	機関室の頭上に頭をぶつける。↓		6月10日	ウレタン目印テープ	クッション材と目印テープの取付。	
2	床下（プレート下）のバルブが何のバルブかわかりにくい。↓	11月		ペンキ	床面蓋の色を配管種別に変える。	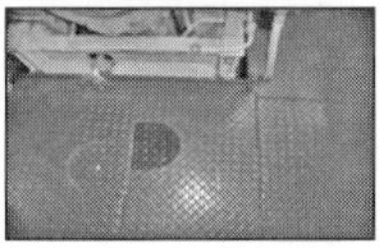
3	LO 交換，フィルター掃除はどの時期かわかりにくい。↓				監視室にメンテナンス時期を表示する。	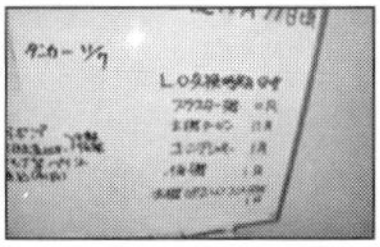

図表3－7　WIBの改善活動すすめ方シートによる実例　(その2)

改善活動すすめ方シート

	実施日	年　月　日		船　名	フェリー　●●●●●	
	メンバー	●●, ●●●, ●●, ●●				
優先順位	改善内容	改善計画			改善結果	
		予　定	実　施	備　考	実際の改善内容	写　真
1	スラスター室内危険箇所に滑り止めテープを貼る。		9月11日	スラスタートンネル上部に貼り付け。	滑り止めテープの貼り付け。	
2	夜間の操舵盤の視認性を高める。		9月21日	蛍光テープを貼り付ける。	操舵盤の必要箇所に蛍光テープを貼り付ける。	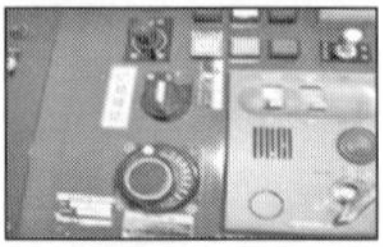
3	車両誘導時の安全確保。		10月16日	誘導灯および反射板付き安全ベストを購入する。	誘導灯の使用安全ベスト着用を徹底する。	

改善活動すすめ方シート

	実施日	年　月　日		船　名	フェリー　●●●●●	
	メンバー	●●, ●●●, ●●, ●●				
優先順位	改善内容	改善計画			改善結果	
		予　定	実　施	備　考	実際の改善内容	写　真
1	操作切替スイッチの所に切替確認のシールを貼る。			9月16日	シールを貼った。	
2	車両甲板にトラテープを貼る。			9月22日	シールを貼った。	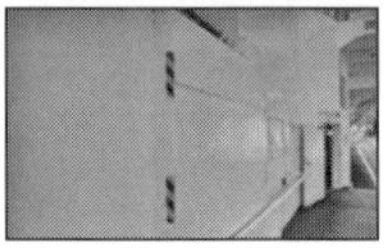
3						

図表３－８　WIBの改善活動すすめ方シートによる実例　（その3）

改善活動すすめ方シート

	実施日	年　月　日		船　名	フェリー　●●●●●	
	メンバー	●●，●●●，●●，●●				
優先順位	改善内容	改善計画			改善結果	
		予　定	実　施	備　考	実際の改善内容	写　真
1	客室出入口下のステンレス部分に滑り止めテープ貼り。		10月23日		滑り止めテープを貼った。	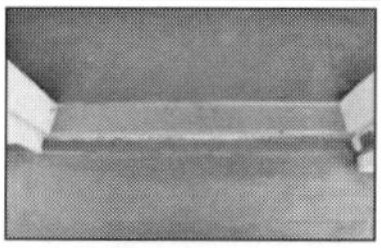
2	スラスター室内に滑り止めシールを貼る。		9月上旬		スラスター室トンネル部分にシールを貼った。	
3	夜間車両誘導時の安全確保。		10月16日	・誘導灯 ・反射板付きベスト購入	誘導灯，反射板付きベストの使用。	

改善活動すすめ方シート

	実施日	年　月　日		船　名	フェリー　●●●●●	
	メンバー	●●，●●●，●●，●●				
優先順位	改善内容	改善計画			改善結果	
		予　定	実　施	備　考	実際の改善内容	写　真
1	夜間車両誘導時の安全確保。		10月16日	・誘導灯 ・反射板付きベスト購入	誘導灯，反射板付きベストの使用。	
2	客室出入口およびステンレス部分に滑り止めテープを貼る。		10月23日		滑り止めシールを貼った。	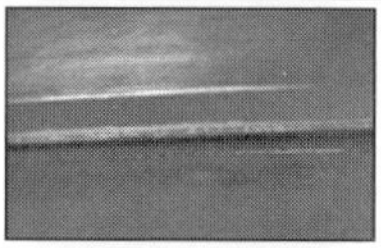
3	船橋から車両甲板へ至る船員用タラップに滑り止めテープを貼る。		10月23日		滑り止めシールを貼った。	

図表3－9　WIBの改善活動すすめ方シートによる実例　（その4）

改善活動すすめ方シート

	実施日	年　月　日		船　名	フェリー　●●●●●	
	メンバー	●●，●●●，●●，●●				
優先順位	改善内容	改善計画			改善結果	
		予　定	実　施	備　考	実際の改善内容	写　真
1	船尾甲板上の車イス止めにつまずくのでトラテープで表示する。	10月下旬	10月29日	トラテープ他で使用した残り。	目立つところにトラテープで表示した。	
2	中央客室天井が低くて頭をぶつけないようトラテープで表示する。	10月下旬	10月29日	トラテープ他で使用した残り。	目立つところにトラテープで表示した。	
3	前部客室通路の床下収納蓋でつまずくのでトラテープで表示する。	10月下旬	10月29日	トラテープ他で使用した残り。	目立つところにトラテープで表示した。	

改善活動すすめ方シート

	実施日	年　月　日		船　名	フェリー　●●●●●	
	メンバー	●●，●●●，●●，●●				
優先順位	改善内容	改善計画			改善結果	
		予　定	実　施	備　考	実際の改善内容	写　真
1	火災時のG.Sポンプの起動時に使用弁等に赤，緑（縞）のマーキング。		12月末		操作バルブの緑色に赤の縞ラインを入れた。	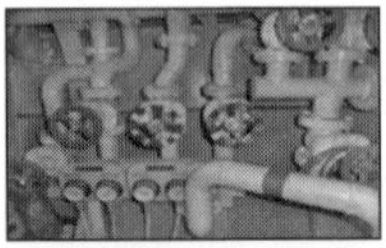
2	非常時のビルジ，バラストポンプの使用でビルジ排出時使用弁に黒，緑（縞）のマーキング。		12月末			
3						

図表３－10　WIB の改善活動すすめ方シートによる実例　（その５）

改善活動すすめ方シート

	実施日	年　月　日		船　名	旅客船　●●●●●	
	メンバー	●●，●●●，●●，●●				
優先順位	改善内容	改善計画			改善結果	
		予　定	実　施	備　考	実際の改善内容	写　真
1	車両甲板上スリップ箇所の安全対策。		7月12日	ノンスリップテープ追加購入（10mm×5M）3個	スリップ箇所に滑り止めシールを貼る。	
2	スラスター室，出入口ハッチ危険箇所の安全対策。		10月23日		頭上の危険箇所に保護クッションを貼る。	
3						

第4章

WIB のチェックポイント

チェックポイントの項目

チェックポイント 1：材料や道具を収納するために必要な棚を設置します。
チェックポイント 2：通路を確保して，障害物がないように維持します。
チェックポイント 3：最小の労力で操作できる道具や装置を選びます。
チェックポイント 4：それぞれの工具には決められた場所をつくります。
チェックポイント 5：よく使う道具，スイッチ，材料は手の届く範囲に置きます。
チェックポイント 6：機械の危険な可動部分（歯車，チェーン，ローラーなど）に，適切なカード（防護板）をつけます。
チェックポイント 7：一人一人が個人用の保護具を，適切に使います。
チェックポイント 8：有害化学物質の容器にラベルをつけます。
チェックポイント 9：電気を安全に使用されているか確認します。
チェックポイント 10：非常停止ボタンは，わかりやすく，目立ち，すぐに手が届くところにあります。
チェックポイント 11：暗いところがないような照明をしています。
チェックポイント 12：重たいものを持ち上げたり運んだり，取り扱う時は，ローラー，コンベア，玉掛け，その他の機械を使います。
チェックポイント 13：材料と製品を運ぶのに適切な大きさとデザインのコンテナなどを使います。
チェックポイント 14：物を運ぶときには，台車などできる限り車輪のついたものや手籠で運びます。
チェックポイント 15：作業する時の高さは，ヒジのあたりか，その少し下の高さにします。
チェックポイント 16：効率的な組織とチームワークができています。
チェックポイント 17：使いやすいトイレと洗面施設があり，きれいに掃除します。

WIBのチェックポイント1

材料や道具を収納するために必要な棚を設置します。

関連するWIBチェックリストの項目

1．工具，漁具などのために，使いやすくわかりやすい棚，場所を設けます。

なぜ必要なのか

表示（ラベル）が付いた棚とラックは，工具や船具を整理・整頓するのに役立ちます。棚にラベルを付けることによって，必要な道具を簡単に見つけることができます。船具，道具は船員にとって仕事をするのに欠かすことができません。

指定された場所に道具を置くことで，道具を探す労力や時間を減らすことができます。棚とラックは資材の安全に収納できます（資材の落下などによる事故を削減できます）。

どのようにすればよいか

1．棚やラックを，使いやすく，物を簡単に取り出せるところに置いてください。
2．壁を背に設置すると，スペースを有効に活用できます。棚にはラベル（表示）を貼ってください。表示で指定された場所に，道具や箱を棚の手前に置きます。これらの工夫は，工具を探すときに大変便利です。
3．棚は重い材料や工具を置いても大丈夫な強度にしてください。できる限り壁や床に棚を固定してください。

みなさんで協力して進める方法

まず，船の中に小さい棚を組立て据え付けることから改善が始まります。すると，まわりの人たちの意識も変わっていきます。これは，関係者が改善は良いことだと理解して，同じような改善をより一層促進します。

いろいろな人の良い考えや習慣を情報交換できるようにすることをお勧めします。

さらなる改善のヒント

頻繁に使う道具は，腰と肩の高さに置いて，あまり使わないものや，重たいものは腰より下の高さに置きます。軽くて，めったに使わないものは，高い位置に置きます。

それらが簡単に確認できるように表示を付けて，収納するための箱か籠，トレーやパレットを使用します。

場所が離れている場合は，台車などをできる限り使用します。

覚えてほしいポイント

ラベルを貼った棚とラックを適切に使うことで，時間と労力の無駄を少なくします。

＜WIB の改良チェックポイント＞

写真４－１　わかりやすい工具置き

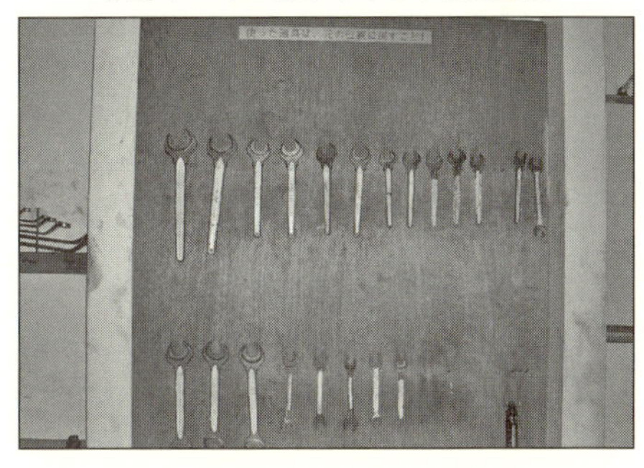

写真４－２　多段階の棚に，道具を吊るしています

写真４－３　コンテナで整理された漁獲物置場

WIBのチェックポイント2

通路を確保して，障害物がないように維持します。

関連するWIBチェックリストの項目

2．人や資材が動けるように，通路を確保し，はっきりとした表示をつけます。
3．通路は，障害物やつまずくものがないよう整備します。
7．機関室や居室の床に，水，油がこぼれた場合はただちに拭きます。
8．滑りやすい場所は，スリップの防止をします。
10．突起物は取り除くか，カバー，警戒塗装をします。

なぜ必要か

通路上に道具や材料を置くなど，障害物がある状態で物を運ぶと，怪我をする可能性があります。材料や道具の運搬は，重要な仕事です。

道具や材料は，重く，さまざまな形をして，運搬をするのが難しいこともあります。通路やデッキが，狭く，凸凹したり，滑りやすい状況では，安全な運搬がやりにくくなっています。

通路が良い状態だと，運搬の安全と効率が増して，物をなくしたり，壊したりするのを防ぎ，事故と怪我から守ります。

また，広くてよく整備された通路や廊下は，安全で効率よく仕事を進めることができます。

どのようにすればよいか

1．通路はできる範囲で広く，かつ良い状態に保ってください。
2．運搬に支障があるときは障害物を取り除いて，改善をしてください。例えば，波や雨で滑りやすくなっているところは，サンド（砂）を混ぜたペンキを塗ったり，滑り止めをつけて滑らないようにしましょう。
3．通路上には，物を置かないでください。通路上に出ているものは指定された場所へ収納して，ごみは処分してください。

みなさんで協力して進める方法

通路や，輸送ルートの確保のために，簡単で低コストの改良から始めてください。例えば自分の部屋の周りや，デッキに行く通路を掃除してください。通路を良い状態に保つことによって，安全で効率的な運搬ができることがわかると思います。

定期的にほかの船員と提携して，通路を掃除して，良好に維持することを習慣化しましょう。

さらなる改善のヒント

ペンキの色を変えることによって，境界線をわかりやすくします。

覚えてほしいポイント

きれいで，広くてしっかりした通路は，行き来や運搬しやすくなり，事故，怪我，それらによる損害を防ぎます。

＜WIBの改良チェックポイント＞

写真4－4　主要通路（機関室）

写真4－5　主要通路（居室）

写真4－6　主要通路（漁船）

WIB のチェックポイント 3

最小の労力で操作できる道具や装置を選びます。

関連する WIB チェックリストの項目

4．工具は使いやすいように，適切な長さ，厚さ，形のものを使います。

なぜ必要か

仕事に適切な道具を使うと，良い姿勢で作業ができ，事故を防いで，生産性を改良すると同時に，作業負担や疲労を大幅に低減させます。例えば大きすぎたり，重すぎたりする道具や，使いづらく，やりにくい道具を使うことは，非効率なうえ，事故や怪我の危険があります。使う道具は，仕事の内容や船の大きさによって違ってきます。

どのようにすればよいか

1．軽量かつ，十分な強度がある道具を選んで，手足の筋負担や，その他の負担を減少させましょう。デッキブラシや鉤（かぎ）などの大きい道具は，負担の少ない姿勢で仕事ができるように，適切な長さが必要です。安全な操作のために，丈夫な握り部分がついたハンドルを使ってください。
2．道具は自分自身で考えて作ることができます。日本人船員によって工夫された設備は広く使用されています。
3．ターンテーブルや回転する作業台は，物を手で持ち上げたり，回転させたりしなくても仕事ができるようになります。

みなさんで協力して進める方法

現場の人々によって改善された，使いやすい道具を見つけてください。そのような道具を使うと，効率がよく，生産性が向上するとともに，安全と健康を促進します。あなたの周囲の人の話をよく聞いてください。そして現場で使っている道具の中で，どれが使いやすいか話し合ってください。良い方法をお互いに共有してください。あなたが新しい道具に興味を持ったときは，あなたのまわりで，すでにそのような道具を使っている人に相談してください。試しに使ってみると道具の問題点がだいたいわかります。

さらなる改善のヒント

長時間にわたって同じ道具を使い続けることによって，身体の同じ部分を酷使することを避けましょう。身体に偏った使い方をしないように，よく設計された道具を選びましょう。新しい道具を選ぶときは，例えば，両手を使い続ける，立ち続ける，座り続けることがないような道具を考えてみてください。

覚えてほしいポイント

適切に設計された道具と設備は，疲労と事故を減少させて，生産性を向上させます。

＜WIB の改良チェックポイント＞

写真４－７　ボードを使って収納

写真４－８　良い姿勢を保てる作業台

写真４－９　工夫された作業スペース

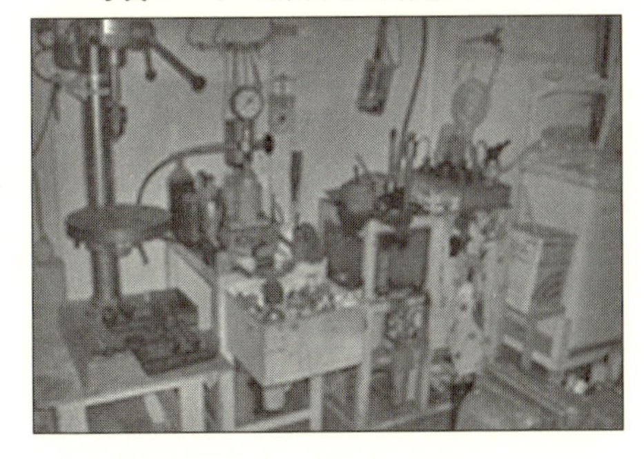

WIB のチェックポイント 4

それぞれの工具には決められた場所をつくります。

関連する WIB チェックリストの項目

5．置かれているものは，航海中も転倒，落下がないように整備します。

なぜ必要か

道具と材料が床の上へ散らばった乱雑な状態で，働いていると，安全を損なうとともに効率的な仕事ができません。道具を探したり，取り替えるための時間や労力が浪費されるうえ，貴重で高価な道具をなくしたり，壊したりすることもあります。そのような状態が続くと嫌気がさすとともに，不満やストレスが増加します。

各道具の置き場所を決めることは，簡単で有効な解決策であり，安全かつ効率がよくなります。1つの道具を使い終わるたびに指定された位置に戻せば，必要な道具がすぐに見つかり，なくなった道具が何かがすぐにわかります。

どのようにすればよいか

1．置き場所をつくりましょう。テープやマグネット，木の板などの材料を使って，道具や工具の置き場所をつくります。
2．工具の名前を貼るか，道具の形の影を太文字の油性ペンで板に描き込んで，各道具の指定された場所を示してください。あなたは一目で，工具が指定の位置にあるかどうかがわかります。
3．どこへでもすぐに仕事ができるように，いろいろな場所で使えるように可動式にすることも考えてください。
4．小さな道具や細かい部品は，紛失するのを防ぐために，容器，缶やトレーなどに格納してください。

みなさんで協力して進める方法

あなたがすぐに実行できる，簡単な改良からはじめてください。板にL字のフックをつけたり，板や壁に油性ペンなどで道具の形を描いたりして，簡単で実用的な方法で改善しましょう。また，そのやり方はあなたの家の中でも役立ちます。なるべく多くの人達に参加してもらい，そして実用的で目に見える改善をみなさんで共有してください。

さらなる改善のヒント

違う現場でも使えるように，道具のキャビネットやラックに車輪を取り付けるか，持ち運びができるようにしておきましょう。

覚えてほしいポイント

各道具の置き場所を決めることは，低コストで仕事の安全と効率を高める方法です。

<WIBの改良チェックポイント>

写真4－10　道具のための棚

明確なラベルの位置に置かれている。

写真4－11　ツールのために多目的棚

それぞれのツールの形が，木製の板にはっきりと描かれていて，どこに置いてよいかすぐにわかるようになっている。

WIBのチェックポイント5

よく使う道具，スイッチ，材料は手の届く範囲に置きます。

関連するWIBチェックリストの項目

6．よく使う材料や工具を，容易に届く範囲内に置きます。

なぜ必要か

よく使う道具や材料を手の届く範囲に置くことで，手足の動きが少なくてすみます。これによって時間と労力を減らせるとともに，直立や，屈んだ姿勢などの筋骨格系の負担を軽減することができます。道具や材料を手の届く範囲に置く原則は，いろいろな仕事に応用できます。道具や，主電源の操作盤などは，作業者の手の届く範囲にあることが必要です。また，同じ原則を家庭でも応用することができます。

手の届く範囲に物を置くことは，仕事をより効率的にするための手助けになります。

どのようにすればよいか

1．頻繁に使っている材料や道具を確認してください。作業する時に，それらを手の届く範囲に置くように工夫してください。
2．あまり使用しない道具や材料を移動させて，収納場所をつくってください。
3．必要ならば，棚，ラックまたはハンガーを使って，道具と材料が手の届く範囲になるように工夫してください。

みなさんで協力して進める方法

あなたが頻繁に使う道具は，ほかの人も頻繁に使うかもしれません。だれもが一番使いやすい場所に道具を置くことができるように，よく話し合ってください。あなたのまわりを観察して，良い事例を集めて，共有してください。

現場の知恵を活用して，すばらしい解決策を見出せるかもしれません。

さらなる改善のヒント

材料が手の届く範囲で取り出せるように，特別な装置を考えましょう。

それには道具を簡単に運べるように，車輪や取っ手がついていたら使いやすくなります。

特に，船でよく使用されるスパナ，カッター，ハンマーなどの道具を運ぶための特製の箱やバッグは，良い事例になります。

覚えてほしいポイント

手の届く範囲に道具と材料を置くことによって，時間と労力が少なくて済みます。

＜WIB の改良チェックポイント＞

写真 4 － 12　甲板上のワークステーション

写真 4 － 13　大きい順に揃えた道具

写真 4 － 14　身近なところに置かれた道具

WIBのチェックポイント6

機械の危険な可動部分（歯車，チェーン，ローラーなど）に，適切なガード（防護板）をつけます。

関連するWIBチェックリストの項目

9．階段等の転落する危険があるところには，手すりや柵を設けます。
12．機械の動く部分や，危険な部分には，ガードを取り付けます。
13．騒音が発生する機械を囲んだり，カバー，耳栓などをします。

なぜ必要か

機械の動く部分にはさまったり，ぶつかったりすることで，事故が発生します。例えば，歯車，ローラー，ベルト等に接触すると，大けがをするかもしれません。さらに，機械の鋭利な部分や，高温な部分がぶつかってくるかもしれません。

手作りの簡単なガードでもあれば，そのような危険を大幅に減少させることができます。機械の可動部分との接触は，機械を使用する人ばかりでなく，機械の横を通りかかる人にも危害を加えることがあります。

どのようにすればよいか

1．機械の可動部にガード（防護板）かカバーを取り付けてください。木材や鉄板などの材料を有効に使ってください。ほかの人が壊すことができないように，強くて，長持ちをする材料を使いましょう。
2．ガードとカバーは，修理などのために取り外しができるようにしてください。保守は，経験豊富な人が，手順に従って確実に管理をしてください。
3．機械の操作のために，機械を連続して監視する必要があるときには，ガードはプラスチックやアクリル，金属メッシュなど，中を見ることができる材料を使用してください。
4．金属などの丈夫な材料で作られたフェンスを設置して，機械が置かれている場所に，部外者が入らないようにしてください。

みなさんで協力して進める方法

あなたのまわりの人とともに，機械が，いつ，どこで，どんな時に使われているか，作業を観察してみてください。これらの機械の危険を確認して，そしてガードの必要性を認識してください。可能な改善案を話し合って，実行してください。

必要な時は，その場所に適切な材料を使って，適切なガードを付けてみてください。

さらなる改善のヒント

ガードが突然外れて，大きな怪我をする可能性があるかもしれないので，しっかりと確実に固定してください。機械を動かす前に，ガードを固定しているナットやボルトが，しっかりと締められているのを丹念にチェックしてください。

覚えてほしいポイント

機械の可動部分にガードが適切な状態でつけることが，接触事故を防ぐための最も良い対策です。

<WIBの改良チェックポイント>

写真4－15　事故と負傷を防ぐために巻き取り機にガードをつける

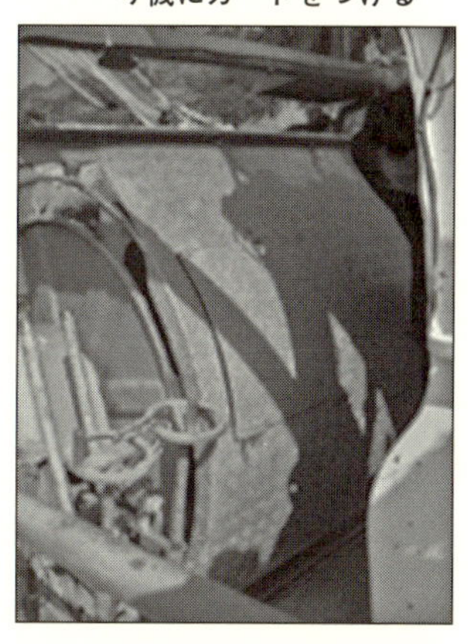

写真4－16　利用可能な材料で手作りしたガード

WIBのチェックポイント7

一人一人が個人用の保護具を，適切に使います。

関連するWIBチェックリストの項目

11．ライフジャケットや保護具を着用するように声をかけたり，ポスターを貼ります。

なぜ必要か

個人用の保護具は，ほこり，雑音，化学物質などの危険な物質から身体を守り，海中転落から命を救います。個人的な保護具は，ほかに安全対策がなければ，優先して使いましょう。

どのようにすればよいか

1．あなたがさらされている危険を考えてみてください。そして適切な保護具を選んで，それを間違いなく使ってください。製造者や専門家のアドバイスを受けてください。保護具の重要性を理解して，教育や訓練をする機会をつくって参加してください。また，保護具の適切な使用のための知識と技能を得るために，継続的な訓練が必要です。

3．使った後の保護具は掃除してください，そして，それを安全な場所にしまってください。

4．定期的に保護具の機能をチェックして，良い状態を維持してください。

みなさんで協力して進める方法

保護具などの最新の情報を得て，その情報を共有してください。そして周囲の人にも保護具を正しく使うことをすすめてください。

保護具をお互いに適切に使用しているかどうかチェックして，減ったり，凹んだりしていないか確かめてください。保護が自分の身体に合っていないと感じたら周りの人や，メーカーの人などに相談してみてください。

保護具の着用をやめないでください。

さらなる改善のヒント

保護具はサイズと形状をよく考えて，自分の仕事に合っているかどうかを検討をしてください。

特に，ライフジャケットやマスクは，自分の身体に合っているかチェックしてください。マスクと顔の表面の間に小さな隙間があると，科学物質が侵入して，保護具の有効性が減少します。

日本には寒い地域や暑い地域があるので，保護具はその地域の特性に合ったものを選んでください。また，機能が保たれているかどうかを定期的に点検してください。保護具がうまく収納できていることも，重要です。保護具の種類によっては，温度と湿度の影響を受けるかもしれません。保護具に使い慣れるように，繰り返し練習をしてください。

覚えてほしいポイント

個人的な保護具は正しく選択して，正しく使わないと，大きな事故につながります。

＜WIBの改良チェックポイント＞

写真４－17　ライフジャケットの着用

写真４－18　ヘルメットの着用

写真４－19　ライフジャケットとヘルメットの着用

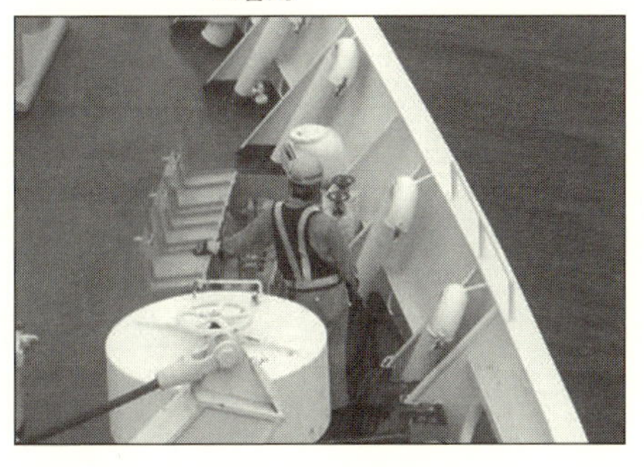

WIB のチェックポイント 8

有害化学物質の容器にラベルをつけます。

関連する WIB チェックリストの項目

14. 危険物や，有害なものは保管，隔離，換気などで，安全に使用します。

なぜ必要か

有害な化学物質の誤用により，健康や環境に大きな被害が出るかもしれません。

化学製品のオリジナルの表記は，よく専門用語や，外国語で書かれています。使用者がその情報を理解して，その指示に従うのが難しいことがあります。

どのようにすればよいか

1. すべての化学製品の容器の説明を注意して読んでください。それでもわからない場所は，保健所やメーカーの人に聞いてみてください。
2. 標記の情報を理解するのが難しければ，日本語の名前，目的，および警告，その説明を追加したラベルを作り容器に貼ってください。
3. 容器を処分するときに，ラベルは決してはがさないでください。
4. 化学物質を大量に購入して，それらをより小さい容器に分けいれるときは，これらに適切な標記を貼ってください。そして，飲料ボトルや食物容器は使用しないでください。これで誤飲や誤用を防ぐことができます。

みなさんで協力して進める方法

ラベルは，そこに何が入っているかを確認でき，その誤用を避けるために役に立ちます。

どのような説明が適切なのか，みなさんでお互いに情報を共有してください。

保健所などから専門家を招待して，有害な化学物質の安全と管理についての講演をお願いするなどの方法もあります。

さらなる改善のヒント

ラベルは防水で太文字の油性ペンで書きましょう。みなさんが理解できる簡単で明確な文章を使ってください。みなさんが確実にわかるように，ドクロマークなどの絵やシンボルを使用することは良い考えです。

ラベルが汚れていたり，擦り減っていたりした場合は，すぐに取り替えてください。

殺虫剤や有害化学物質に標記をすることは，法律で義務づけられています。適切な標記がない殺虫剤は購入しないでください。

覚えてほしいポイント

外国語表記の化学物質は，すべての日本語で書いたラベルを貼りつけて，誤用を避けてください。

<WIBの改良チェックポイント>

写真4－20　簡単，そして，読みやすいラベル①

写真4－21　簡単，そして，読みやすいラベル②

写真4－22　ドクロマークをつけて化学物質の表示

WIB のチェックポイント 9

電気を安全に使用されているか確認します。

関連する WIB チェックリストの項目

15. 電気を安全に使用されているか確認します。

なぜ必要か

電気は現代の生活に欠かせないものであり，船の中でも多く使われています。しかし，電気は使い方を間違えると，多くの損害を与えたり，人を殺傷したりします。

船の中でも，業務中の感電や火傷などを含む電気事故が数多く報告されています。船内作業で，甲板機器や，ポンプなとの多くの機械が屋外にあり，濡れた環境で使用されています。電線や接続部分が適切に維持されていなければ，事故の危険が増します。特に船で使われている，プラグ，ソケット，電気接続，および電気コード自体に損傷がある場合は，事故の危険が高まります。

電気を安全に使わないと，火災やその他の重大な事故が発生して，作業者が死傷することもあります。

どのようにすればよいか

1. 常にアース，回路遮断機などを備えたコードやコンセントを使用してください。水に濡れていたり，腐食性，燃えやすい材料に接触しているところでは，プラグを差し込まないでください。
2. 定期的にすべての接続部分をチェックしてください。適切なコネクターかケーブル結合器を使用して，電線を接続してください。それらが利用できない時，絶縁テープを丁寧に巻いてください。覆っている部分を取らないでください。

   絶縁テープがゆるくなったり，または擦り減ったりしている場合はテープを取り替えてください。

3．電気接続のためのコネクターか接続器を確実に使ってください。
4．回路遮断器かヒューズで，すべての回路を保護してください。主電源スイッチとブレーカー箱は明確にマークしてください。

みなさんで協力して進める方法

電気安全は特別な技能と経験を必要とします。あなたの会社や，電気工事士などの専門家から，技術的なアドバイスと支援を受けてください。みなさんで協力をして，現場で電気の安全についての簡単な講習をするのも良い考えです。みなさんで経験を共有して，電気を安全に使うための計画を共同で提案していきましょう。

さらなる改善のヒント

あなたの作業環境に適した器具を選びましょう。粗悪品は，電気がショートして，怪我や火災による損害を引き起こすかもしれません。

コンセントを十分に確保して，過負荷に注意をしましょう。

定期的に予防保守を実行しましょう。すべての電気製品は正しくされるべきです。機械が正しくアースされているかどうかを現場で確認してみてください。

覚えてほしいポイント

電気器具の適切な選択，接続，およびその維持は，事故と損害を防ぐことができます。

<WIB の改良チェックポイント>

写真４－23　注意書き付きのコントロールパネル

写真４－24　電気のマーク付き配電盤

WIB のチェックポイント 10

非常停止ボタンは，わかりやすく，目立ち，すぐに手が届くところにあります。

関連する WIB チェックリストの項目

16. 非常停止スイッチや，停止ボタンははっきり表示します。
21. 表示，スイッチ操作盤は，大きさ，形，色で，簡単に見分けられるようにします。

なぜ必要か

非常時の停止ボタンは，わかりやすく，目立ち，通常の作業をしている場所からすぐに手が届くところになければなりません。事故は不意に起きます。機械の操作中に何らかの危険が差し迫ったとき，すぐにやるべきことは，まず機械を止めることです。緊急時に，マニュアルを見たり，読んだりすることは難しいからです。制御パネルの右のボタンかスイッチで機械を止められるようにします。

非常停止装置は，外部者を含めてわかりやすく，確認できるように目立ち，簡単に手が届くように設計をしなければなりません。

どのようにすればよいか

1. 作業者の手の届く範囲で停止時の停止ボタンをつけてください。非常停止ボタンは，ほかのスイッチやボタンから少し離してください。
2. 制御パネルで，非常停止ボタンがほかのボタンの近くにある時は，はっきりとわかるようにしてください。
   一般的に，赤色は非常停止装置に使用されます。
3. 非常停止ボタンは大きくしてください。
   回転タイプのスイッチは避けてください。
4. 必要に応じて大きく明確な形にしてください。

外国語や説明書きはやめてください。

みなさんで協力して進める方法

船内の機械についている，非常停止ボタンを見つけてみましょう。みなさんで，非常停止ボタンの位置と状態をチェックしてください。見やすく，手が届きやすくなるようにみなさんで非常停止ボタンの位置をどこにするか話し合ってください。

さらなる改善のヒント

非常停止装置として黄色い背後に，赤いボタンや装置が使われます。

非常時の停止装置はいつでも使えるようにしてください。

覚えてほしいポイント

わかりやすく，目立ち，簡単に手が届く非常停止ボタンは，あなたと，一緒に働くみなさんの命を救います。

＜WIBの改良チェックポイント＞

写真4－25　赤く表示された非常停止装置

写真4－26　ほかと離れた位置にある非常停止装置

写真4－27　手の届く範囲に，赤く表示された非常停止装置（操作盤右下）

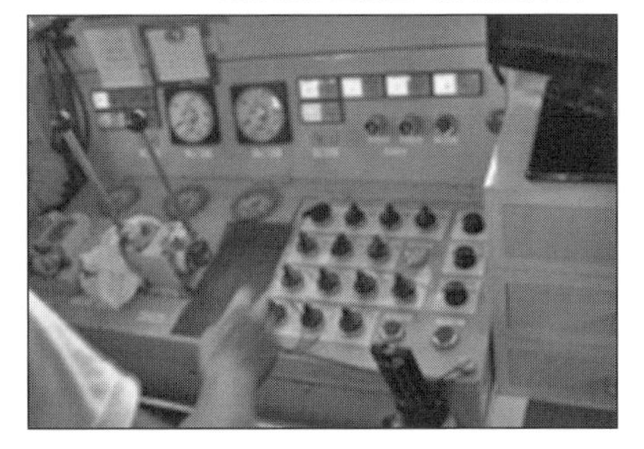

WIBのチェックポイント11

暗いところがないような照明をしています。

関連するWIBチェックリストの項目

17. 全体照明とともに，機械の影などで見えにくい部分には，局所照明をつけます。
18. 照明器具は，まぶしさを感じさせない方法で，取り付けます。

なぜ必要か

照明機器の使用により時間の削減，仕事の効率の向上，事故やミスを防ぐことができます。照明の適切なレベルは，作業内容や働く人によって異なります。例えば，紙に書かれた文字などを読むときに60歳の作業者は，20歳の作業者よりも5倍以上の光を必要とします。そこで，自然光と人工照明をうまく組み合わせることにより，問題を解決します。より良い照明のメリットは，仕事がしやすくなるということで，すぐに理解できます。

どのようにすればよいか

1. あなたの職場を歩いて，自然光だけでは明るさが十分でないところを特定していきます。階段，廊下，扉の後ろと倉庫などもチェックすることを忘れないでください。衝突や転落する可能性があります。
2. すべての電球をきれいに拭いたり，LED照明に変えたり作業場所の配置を変えたり，反射板を使用するなど単純な改善によっても，作業効率が劇的に向上します。
3. あなたの職場の照明を考えます。自然光と，人工照明の組み合わせを考える場合，作業者に対する光の方向を配慮する必要があります。

みんなで協力して進める方法

みなさんで一緒に照明について調べます。それは安全かつ，効率よくするためにはどこに追加で，照明が必要なのかを調査していきます。自分の今までの経験を踏まえて，検討すべきです。3種類の光源（自然光，全体照明と局所照明）を最も効果的に使用するためのアイデアを出し合います。

さらなる改善のヒント

影の部分をなくすようにしてください。影は，作業する上で照明を遮ってしまい，目の疲れ，疲労，およびミスの原因となります。光源を遮断する障害物がないことを確認してください。

照明機器は定期的に点検・清掃をしてください。メンテナンスなしで，光の量は，数カ月で半分に減少してしまいます。突発的にまたは頻繁に照明が変わると目が疲れてしまいます。

作業者が目の疲れやミスを減らすことができるように，作業場所でのコントラストを最小限に抑えます。

覚えてほしいポイント

照明を効果的にするために，綿密な計画とメンテナンスが必要です。

<WIBの改良チェックポイント>

写真4－28　局所照明

写真4－29　甲板の照明をLEDに変えて，明るくなったとともに，燃料の消費が減少

WIB のチェックポイント 12

重たいものを持ち上げたり運んだり，取り扱う時は，ローラー，コンベア，玉掛け，その他の機械を使います。

関連する WIB チェックリストの項目

19. 引っかかったり，ぶつけたりする凹凸がないよう整備します。

なぜ必要か

腰痛などの筋骨格系の病気は，最もよくある職業病の1つです。危険防止の観点から，手作業はやめて，ローラーや台車などを使うべきです。よく自分たちで工夫した物があります。

しかし，工夫などをしないで，かがむなど無理な姿勢を続けることは，腰痛や背中の痛みを引き起こすかもしれないので，避けるべきです。

どのようにすればよいか

1. ローラーコンベアなどを使用して，重い物を運んでください。
   荷物の積み下ろしには，適切な高さで安定した場所に，ローラーの両端を固定してください。
2. 物の持ち上げ，運搬，取り扱いのための設備は，あなたの周りや現場などから良い事例を学んでください。運搬をしやすくするために，新しい装置を作り出すか，既存のものを変更してください。
3. 床の位置で重い物を動かすときは，車輪のついたパレットを下部に置いてください。
4. 高低差がある場所の間で荷物を移動させるときは，ベルトコンベアーを使ってください。

みんなで協力して進める方法

台車，コンベア等は，２人以上の人手が必要なことが多いです。それらを改良できるように，考えてみてください。また，設備や機械を共有できるようにしておいてください。

さらなる改善のヒント

持ち上げ装置や，運搬装置を有効に使用するためには定期的な点検が必要です。定期的に，ローラー，鉄床，ゴム床などのすべての部分をチェックしてください。

覚えてほしいポイント

物の持ち上げ装置や，運搬設備を使うと，安全で楽に，しかも効率的に作業が行えます。

<WIBの改良チェックポイント>

写真４－30　ローラーの使用

写真４－31　漁獲物を運ぶための傾斜台とローラー

写真４－32　フィッシュポンプ（海藻を真空で運搬する装置）

WIB のチェックポイント 13

材料と製品を運ぶのに適切な大きさとデザインのコンテナなどを使います。

関連する WIB チェックリストの項目

22. 腰を曲げたり，ひねったりする仕事がないように工夫します。

なぜ必要か

仕事ではいろいろな種類の重い物を運びます。そのためにしばしば背中を痛めてしまい，筋骨格系の病気が発生します。

物を持ち上げたり，運んだり，取り扱ったりするときに，良い方法を身につけることで，怪我や腰痛などの危険を減らすことができます。

どのようにすればよいか

1. あなたが運ぶことができる重さを考慮して，荷物をより軽い容器に分けてください。20kg の物を 1 個の容器で運ぶよりも，10kg ずつ 2 個の容器に分けて運ぶ方が身体の負担が少ないです。
2. はじめに運ぶ物の形状，大きさ，重さを調べてみて，それを運ぶのに一番良い容器を使用してください。
3. 簡単に入れたり，出したり，持ち上げたり，運んだりできるように，丈夫なグリップ（握り手）を付けてください。

みなさんで協力して進める方法

すでに実績のある良い事例から学んでください。それらを応用することから進めてください。

大人数で物を運ぶときに役立つように，同じ形と大きさの容器を使用してください。

さらなる改善のヒント

小さな容器を選んだ方が，簡単で安全に取り扱うことができます。

容器の握り部やハンドルは，手袋をしたり，柔らかい布で包んだりしたほうが使いやすいかもしれません。

物を運んでいる間は，手首はまっすぐに伸ばし，使いやすい位置に保ってください。

可能ならば輸送と収納は同じ容器を使用してください。これは二度手間を省くとともに，時間と労力を減らせます。

重い物を上げるか，または運ぶとき，足元が安定するまで，足を開いてください。

ひざを曲げましょう。そして，物を少しずつ，スムーズに持ち上げましょう。

容器などは収納場所の近くに置きましょう。

覚えてほしいポイント

軽いほうが，より安全です。

重い荷物は分割して軽くすると，安全と，生産性が確実に高まります。

<WIB の改良チェックポイント>

写真４－33　丈夫なハンドルをつけて，つかみやすい容器

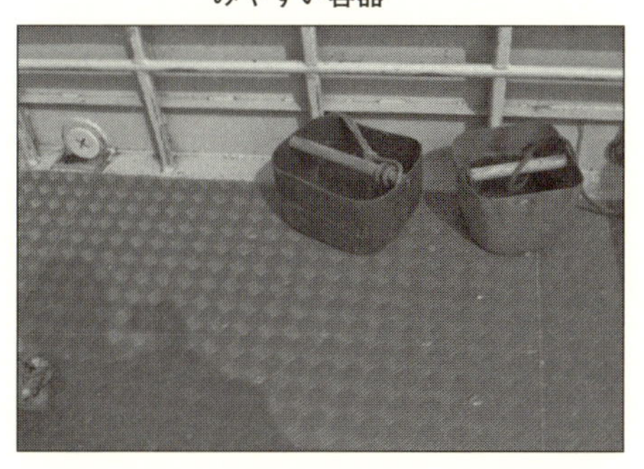

写真４－34　丈夫な握りをつけたいろいろな容器

WIBのチェックポイント14

物を運ぶときには，台車などできる限り車輪のついたものや手籠で運びます。

関連するWIBチェックリストの項目

23．重量物の運搬には，クレーン，台車，ローラーなどを使います。

なぜ必要か

道具，および荷物を運ぶことは，重要な仕事です。台車，手籠などを使うと，作業の負担を少なくするとともに，落下して道具などが壊れることを防ぎ，事故の危険を減少させます。

どのようにすればよいか

1．重たい道具や製品，材料を輸送するのに，堅い握り手がある台車か手籠を使用してください。
2．台車がスムーズに使えるように，できる限り通路やデッキを改良してください。
3．安全にしっかりと運ぶことができるように，台車と手籠などを組み合わせてください。

みんなで協力して進める方法

新しい視点で，あなたの職場の中を歩き回ってください。あなたと仲間でどういう方法で運ぶのがよいか話し合ってください。

自作した台車や手籠を使用するなど，素晴らしい例があるかもしれません。

労働の負担を減少させて，安全と効率を高めるために知識や経験をみなさんで共有してください。

さらなる改善のヒント

荷物が落ちることを防ぐために，適切な側板を台車などに取り付けてください。

運ぶ物や，作業内容に，適当な台車を選んでください。良い事例を参考にしてください。

簡単な改良でも，事故の危険を少なくすることができます。通路などをよく保守・点検することで，輸送の効率を良くします。

覚えてほしいポイント

輸送をするための設備や，道具はたくさんの種類があります。他船やその他の現場からも良い事例を学ぶことができます。

＜WIBの改良チェックポイント＞

写真4－35　自家製の車輪付きラック

写真4－36　車輪付きスポットクーラー

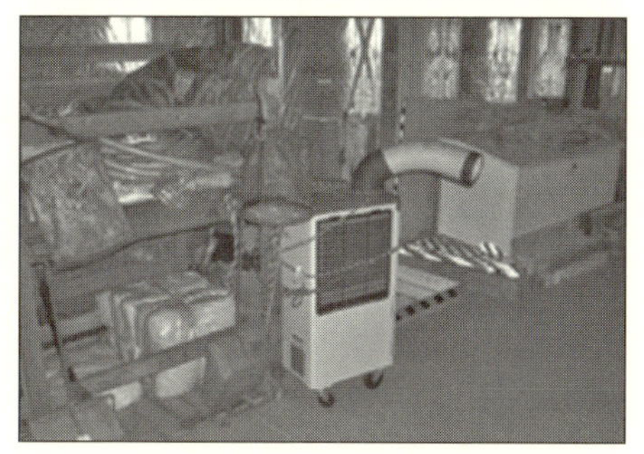

写真4－37　凹凸のない甲板（漁船　甲板）

WIB のチェックポイント 15

作業する時の高さは，ヒジのあたりか，その少し下の高さにします。

関連する WIB チェックリストの項目

24. ヒジの高さで仕事ができるように高さを調整します。

なぜ必要か

作業台を適切な高さにすると筋肉の張りや筋肉痛を防いで，生産性が良くなります。作業台が，ヒジの高さになっていると筋肉の負担を最小にします。この原則は，立った作業にも，座った作業にも適用できます。このことは物を組み立てたり，分類したり，収納したりする仕事で特に重要です。

高さが低すぎると，姿勢が前のめりになるために，背筋が張り，肩こりや背中が痛むかもしれません。逆に，高さが高過ぎると，腕や肩を上げ続けなければなりません。そうすると筋肉がコチコチになり，働き続けるのがつらくなり，健康を損なうこともあります。

どのようにすればよいか

1. あなたの作業場所，作業台などを見てください。その高さを，そこで主に働いている人のヒジの高さになるように調整をしてください。それによって，快適に仕事ができ，かつ効率が増し生産性が高まります。
2. 身長の違う人々が１個のテーブルで働いているとき，小さい踏み台を作って高さを調整してください。これによって，働いている人一人一人に合ったヒジの高さに調整できます。
3. 物を切ったり，機械を修理したりするなど，大きな力が必要なときには，ヒジの高さよりもわずかに低くなるように作業台を調整してください。

みんなで協力して進める方法

部品の組み立て，洗浄，漁獲物を分けたり，箱詰めしたりするときは，頻繁にしゃがんだ姿勢になります。この姿勢では筋肉の張りと痛みを引き起こします。適切な作業ができるように，ヒジの高さにテーブルや椅子を調整することを勧めてください。働いている皆さんが，できる限り適切な高さで作業できるように考えてみてください。

適切な高さの良さをみなさんで評価して共有してください。

さらなる改善のヒント

あなたが普通に立って作業している状態で，多くの物に簡単に手が届くように工夫してみてください。材料，道具，および容器などは手の届く範囲に置いてください。

覚えてほしいポイント

適切な高さで仕事ができるように調整してください。そして，曲げたり，しゃかんだりする姿勢を少なくすることによって，疲労と身体の筋負担を減少させて，生産性が向上します。

＜WIB の改良チェックポイント＞

写真４－38　ヒジの高さの姿勢で作業をしている①

写真４－39　ヒジの高さの姿勢で作業をしている②

写真４－40　背の低い人が，仕事の高さを調整するためにプラットホームを置いている

WIB のチェックポイント 16

効率的な組織とチームワークができています。

関連する WIB チェックリストの項目

25. 始業前など，作業者が全員で参加するミーティングを行います。
26. 掲示板などを活用し必要な情報が全員に正しく伝わるようにします。

なぜ必要か

仕事が繰り返し行われるときに，単調な作業になります。これにより，疲労や，注意力の低下による生産性の低下，あるいは事故が発生するかもしれません。

作業の内容をローテーション（順番）で変えることで，そのような悪い影響を低減させるとともに，より良い仕事ができます。お互いに協力しあうことによって，共同で作業することで生産の低下や，事故を防ぐことができます。

よく組織化されたチームワークは，効率が増し生産性を高めます。

どのようにすればよいか

1. あなたの仕事を考えてみてください，そしてあなたが難しいと思う仕事を確認してください。ほかの人と共同してそれらの仕事をした場合の，良い点を可能な限り考えてみてください。
2. メンバーと関係者でチームを形成してください。適切な人をリーダーに任命してください。
3. チームで仕事のスケジュールとローテーションを決めてください。
4. それぞれの能力，仕事の特徴（通常／一時的／季節的，人的／機械のペース），労働の負担度合，ほかに影響しそうなことなどを考えてみて勤務の体制や適切な休憩時間を決めてください。

みんなで協力して進める方法

よく計画されて，調整されたチームは，生産的でよく機能しています。

なるべく全員同意の上で，仕事やローテーションのスケジュールについてよく話し合ってから，仕事をしましょう。特に忙しい時期はいろいろと調整をしてください。

良いチームワークの事例を，ほかの船や現場から学んでください。

さらなる改善のヒント

可能な限り，チームの良いところ，悪いところを表に書いてみましょう。

個人で働くよりも，チームで働いた方が上手くいくかもしれません。

良いコミュニケーションは，組織が成功するための鍵になっています。

機械を使って働いているときは，安全と仕事効率を考えて機械の速度を調整してください。これが安全を保つために重要です。

覚えてほしいポイント

良いチームワークは，安全と生産性を改良します。

＜WIBの改良チェックポイント＞

写真4－41　職場改善のための話し合い①

写真4－42　職場改善のための話し合い②

WIB のチェックポイント 17

使いやすいトイレと洗面施設があり，きれいに掃除をします。

関連する WIB チェックリストの項目

27. 安全で安らぐ休憩場所があり，みんなでコミュニケーションを図ります。
28. トイレや，給水設備などの衛生設備があり，きれいに維持します。

なぜ必要か

清潔なトイレと洗浄施設は，どんな場所でも健康を守るために必要なものです。トイレの不足は，健康に害を及ぼすかもしれません。

病気によっては，適切な洗浄施設がないことと，個人的な衛生習慣の不足が原因であると報告されています。

仕事の後に，手と身体を洗うのは，化学物質，およびほかの有害な物質の付着や，感染による病気を防ぐのに不可欠です。特に，飲食の前に実施することが重要です。

どのようにすればよいか

1. 職場に近くに，トイレットペーパーが備えてあり，便座に蓋があり，水が流れるようなトイレを設置してください。これができない場合は水のタンクなどで代替する手段を考えてください。
2. 遠く離れた場所では，簡易な便所を作ること考えてください。
3. 石鹸を置いて，手を乾かす手段を提供してください。洗面台は手と腕が洗えるぐらい大きくなければなりません。
4. 設備を清潔に保ってください。

みなさんで協力して進める方法

必要な掃除や，備品を絶やさないように考えてください。

さらなる改善のヒント

可能ならば，男女別々の設備を付けてください。

個人的にも良い衛生の習慣を身につけましょう。排便の後は，必ず手を洗いましょう。

仕事中に，トイレが使えないために，トイレを我慢するようなことがないようにしてください。そのことは健康に害を及ぼします。携帯用トイレなどほかに可能な手段を考えてください。

覚えてほしいポイント

簡単に行ける清潔なトイレと洗面施設は，健康で生産的な職場には必要です。

<WIBの改良チェックポイント>

写真４－43　きれいな水洗トイレ

写真４－44　石鹸と，ペーパータオル

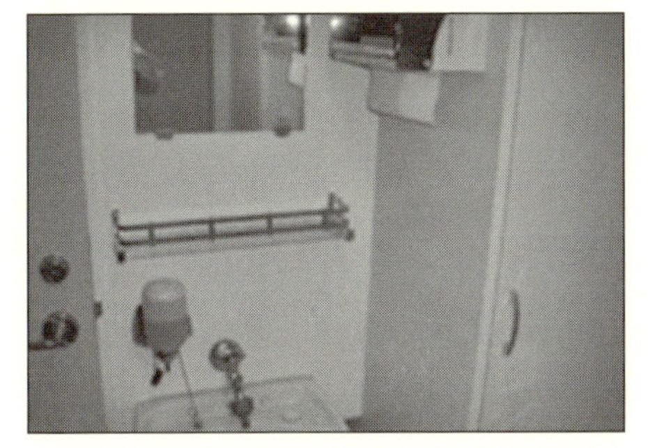

写真４－45　小さな漁船に設置されたトイレ

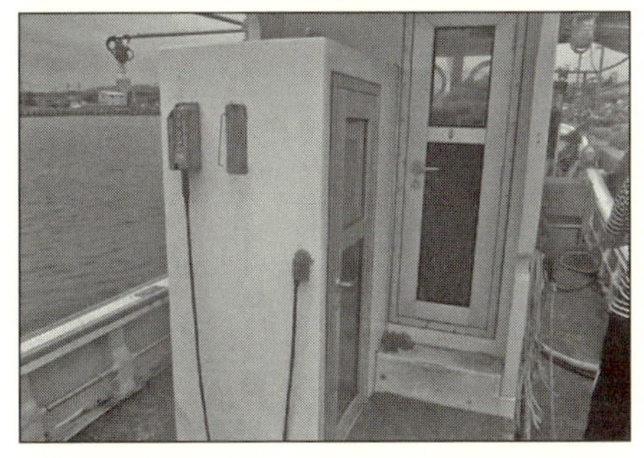

第5章

WIB式　船内労働安全衛生マネジメントシステム

※ WIBは船員向け自主改善活動（Work Improvement on Board）の略。

5.1 概　要

目　標

労働災害の防止と健康増進，さらにすすんで快適な職場環境をつくり，職場の安全衛生水準の向上を目指します。ILO（国際労働機関）の労働安全衛生マネジメントシステム（OSHMS）を基に，国土交通省が船内労働安全衛生マネジメントシステムをつくっていきます。

方　法

事業者は労働者の協力のもとに「計画（Plan）－実施（Do）－評価（Check）－改善（Act）」（「PDCAサイクル」といわれます）で安全衛生管理を継続的，自主的に進めます。

WIB式の特徴

ILOの労働安全衛生マネジメントシステムを推進させるためツール「OSH Management System：A tool for continual improvement（労働安全衛生マネジメントシステム：持続的な活動のためのツール）」の11ページ「小規模事業」において，「中小企業向け自主改善活動，（WISE）…などのトレーニングパッケージが，ILOによって広く開発されて，実行されています。」と紹介されています。

WIBは船舶の中小事業者でも船内労働安全衛生マネジメントシステムができるように，WISE（中小企業向け自主改善活動）を基に合理的かつ簡単にできるように考えられたものです。

WIB方式の導入のメリット

・働く人の労働安全衛生の意識が高まり，労働災害の減少・疾病の減少が図れます。
・労働安全衛生活動の記録を組織的に残し，会社の管理責任を明らかにできます。
・社内外に対して取り組みをアピールすることができます。
・一般社団法人自主改善活動協会によるサポート，認証制度によるさらなる進展も可能です。
・中小の事業者でも無理なく，効率的にシステムが運用できます。

会社の役割

表明・目標・組織・計画等，様式はA3版1枚にまとまっています。マニュアルを読んで，事例を参考にすれば経営者と担当者で1～2時間で記入できるようになっています。

年度末のふりかえり，次年度の計画も同様に，同様にマニュアルを読んで，事例を参考にすれば，経営者と担当者で1～2時間で記入できます。方針，目標，計画の作成ができましたら，一定期間掲示して船員さんの意見を聞き，必要に応じて修正をしてください。一月に一回程度簡単な記録（10分程度で記入）を議事録として残してください。その他，法令で定められた書類の作成と保管をしてください。船員または船からの有益な改善案に対しては会社からの表彰制度を確立されたならば，さらなるよい提案につながります。

船員の役割

年に一度以上，WIBチェックリストによる改善案の提案をすることと（30

分程度)，提案した改善案の中で自分たちが直せるものは，時間が空いたときや余裕がある時に船内を改善していきます（必要な資材は会社負担)。自分達では難しい，専門的で，大規模な修繕などは専門業者が実施します。

その他，必要なときに労働安全衛生の提案をして，健康診断や，病気の治療を積極的に行います。

5.2　早わかり解説

1．マネジメントシステム構築の意義およびガイドラインの目的

労働災害の防止をはかるとともに，船員の健康づくり及び快適な作業環境をつくります。そのためには，船員が自主的に危険から身を守るように改善をすすめて予防をします。船内の安全衛生水準を継続的に向上させるために，船員の協力の下で，PDCA（Plan-Do-Check-Act）サイクルをベースとした船内の労働安全衛生マネジメント体制を構築していきます。

＊様式4をA3版1枚にコピーして，記入例を参考にして記入をしてください。

a．方針の表明

会社としての，今後の長期にわたる方針を決めてください。「労働災害が起きにくく働きやすい職場をつくる」，「健康で衛生的な職場環境をつくる」，「労働災害の削減」など，経営者の思いを簡潔で短くても結構ですので，自由に，明瞭に書いてください。

b．推進メンバーの役割と責任

安全推進体制をつくるために，役割，責任および権限を明確にしていきます。

社長など役職ごとに，責任と権限を明確にしてください。

（例）　社　長（総括安全衛生管理者）　○○　○○　（全体の統括）

責任者（総括安全担当者）□□□□　（事務局，システムの監査）

船　長　　△△　△△　(船ごとのリーダー)
事　務　　◇◇　◇◇　(とりまとめ)

c．安全衛生目標

「a．方針の表明」で示した長期的な方針を実現するために，一年ごとなど中期的にできるより具体的に目標をつくります。例えば「労働災害を減少させるための点検・改善の推進」,「衛生教育を行う」,「働きやすい環境をつくる」などです。こちらも実現が可能なことを，簡潔で短くても結構ですので，自由に記述してください。

d．活動計画

目標を達成するために，具体的な計画を立てていきます。いくつかの必要な項目はあらかじめ記載されています。

ミーティングは，船の担当者と陸上の担当者との連絡や，話し合いの場です。毎月1回以上を目標にして，ミーティングを開き，議事録を残してください（船員労働安全規則第1条三において「船員が常時5名以上の船舶では船舶所有者に対する改善意見を述べさせるため，船内安全衛生労働委員会を設けなければならない」と，規定されています。単独で会議を設定できない場合は，ほかの打ち合わせと併用していただいても結構です）。

議題としては下記のようなことがあげられます。必要に応じて話し合えばよいです（ヒヤリ・ハット報告，船内点検結果，改善要望等の情報の整理，同種の船舶における船員災害，労働安全衛生に関するニュースの提供，海難発生状況等の報告，訪船指導，健康キャンペーンの実施，船員災害発生時の監査等）。

・職場点検は，都合のよい時に全員が参加して点検をしてください。船員向け自主改善活動のチェックリスト（WIB）を使えば，30～90分ほどの点検で，改善案の提案までできます。全員で安全点検を行うことにより，船員の意見が反映されます。個人ごとに様式2の「船内自主改善活動チェックリスト」（A3裏表1枚にして人数分コピーしてください），点検の後の改善を進める時は様式３の「改善活動すすめ方シート」(人数分をコピーしてください) を船ごとに作成してください。詳しくは，国土交通省HP「漫画版船員向け自主改善活動」をご覧ください。職場点検で提案された改善案を，３つずつ優先順位をつけて選択して，改善を進めてください。

・安全や衛生の講習会も可能ならば開催してください (講師は地元の海上保安部，消防署，保健所，運輸支局，労働基準監督署などの関係機関に協力をお願いしてください)。

・「災害発生時の原因調査及び改善手順」や法令で定められた書類は，現状のものをよく点検してみてください。問題がなければ，そのまま保存してください (内容に不十分な点がありましたら補強してください)。

・方針，目標，計画が作成できましたら，一定期間掲示して船員の意見を聞き，必要に応じて修正をしてください。

e．活動内容の確認

１年間の活動を振り返ってできたかどうか，自己点検をしてください。

まず，全体を通じて評価して，システム全体として問題がなかったかどうか自己点検をしてください。次に，ミーティング，職場点検，改善の実施，講習会など項目ごとに確実にできたか，効果はどうだったか，このままのやり方でよいか，振り返って自己評価をしてください。特に，実際に労働災害が発生した場合は，適切に原因調査および改善できたかどうか，検討をしてみてください。

f．次の活動へ

「e．活動内容の確認」を踏まえて，次年度に向けて，計画自体を改善していきます。それらを，来年度の計画に反映していきます。

＊記入した様式４はA3版１枚にコピーして記入し，船内や事務所に掲示してください (必要に応じて船員に配布してください)。

＊様式２～４のほか，議事録 (様式5) 等は活動の記録になりますので，ファイルなどで保管をしておいてください。WIBチェックリストは個人ごとにコピーを保存してください。改善活動すすめ方シートは船ごと，職場ごと (甲板部，機関部など) にコピーを保管して記録をしてください。

様式4　WIB式　船内向け自主改善活動マネジメントシステム

方針の表明 ＊安全方針 *(1)　船内労働安全衛生方針*	
推進メンバー **役割と責任** *(2)　システム担当者の役割，* *責任および権限*	(総括安全衛生管理者) (総括安全担当者) (事務局，システムの監査) (船ごとのリーダー)
安全衛生目標 ＊安全重点施策（安全目標） *(3)　船内労働安全衛生目標*	
活動計画 **(実施頻度，時期)** ・書類は議事録，アクションチェックリスト，改善すすめ方シートは別途保存の事。 ・全員で安全点検を行うことにより，船員の意見の反映が促進されます。 *(4)　船内労働安全衛生計画* *(5)　船員の意見の反映手順* *(6)　災害発生時の原因調査* ＊運輸安全マネジメントシステム対応項目	・ミーティング　(　　回／月・年) ・職場点検（チェックリストなど）(　　回／月・年) ・改善の実施　(　　回／月・年) ・講習会　(　　回／月・年) ・「災害発生時の連絡体制・原因調査及び改善手順」その他法令で定められた書類の作成と保管 ＊ヒヤリ・ハットの収集・分析 ＊外部の講習会を受ける ・方針，目標，計画が作成できましたら，一定期間掲示して船員さんの意見を聞き，必要に応じて修正をしてください。

活動内容の確認 ＊記録は別紙 同時保存	よくできた・ややできた・ややできなかった・あまりできなかった ・ミーティング （　　回／月・年） ・職場点検（WIB など） （　　回／月・年） ・改善の実施 （　　回／月・年） ・講習会 （　　回／月・年） ・災害発生時の原因調査および改善手順の制定 （備考）
次の活動へ	（振り返り） （良くすべき点）

斜字…*国土交通省労働安全衛生マネジメントシステムガイドラインに示されている記録すべき事項*

＊運輸安全マネジメントシステム対応項目

記入例　　WIB式　船内向け自主改善活動マネジメントシステム

労働安全衛生マネジメントシステムの実例

方針の表明 ＊安全方針 *(1)　船内労働安全衛生方針*	・事故0 ＊事故等の発生を撲滅することを目指し，お客様の信頼に答える。
推進メンバー **役割と責任** *(2)　システム担当者の役割，責任および権限*	代表取締役　●●　●● 取　締　役　●●　●●（安全統括責任者） ●●　●●（運航管理者）
安全衛生目標 ＊安全重点施策（安全目標） *(3)　船内労働安全衛生目標*	・改善すすめ方シートを使い安全性の向上を図る。 ＊労働災害を減少させるために点検・改善の推進を図る。
活動計画 **（実施頻度，時期）** ・書類は議事録，アクションチェックリスト，改善進め方シートは別途保存の事。 ・全員で安全点検を行うことにより，船員の意見の反映が促進されます。 *(4)　船内労働安全衛生計画* *(5)　船員の意見の反映手順* *(6)　災害発生時の原因調査* ＊運輸安全マネジメントシステム対応項目	・ミーティング（　2回／年） ・職場点検（チェックリストなど）（　2回／年） ・改善の実施（　随時　） ・講習会（　1回／年） ・「災害発生時の連絡体制・原因調査及び改善手順」その他法令で定められた書類の作成と保管 ＊ヒヤリ・ハットの収集・分析 「ヒヤリ・ハットは航海日報へ記入する」 ・改善活動すすめ方シートの作成および点検 ＊外部の講習会を受ける ・方針，目標，計画が作成できましたら，一定期間掲示して船員さんの意見を聞き，必要に応じて修正をしてください。

活動内容の確認 ＊記録は別紙 同時保存 ＊レビュー （全体の振り返り）	よくできた・ややできた・ややできなかった・あまりできなかった ・ミーティング （　２回／年） 各船担当者会（議事録なし） 安全マネジメント会議（メモあり） ・職場点検（WIB など） （　１回／年） ３月に改善活動すすめ方シートを使い点検および改善を行う。 ・改善の実施 （　随時行っている。　） ・講習会 （　２回／年） WIB 安全講習，乗組員安全対策研修会を受けた。 ・災害発生時の原因調査および改善手順の制定 事故なし （備考）
次の活動へ （今後の活動に向けて）	（振り返り） ３月に行う予定。 （良くすべき点）

記入のポイント

WIB　船内向け自主改善活動　マネジメントシステム

方針の表明 (1) 船内労働安全衛生方針	安全で安心して働ける職場環境の構築 1行でよい。自分の思いを書いてください。
推進メンバー 役割と責任 (2) システム担当者の役割、責任及び権限	社長　■■■■■　(総括安全衛生管理者) 責任者　■■■■■　(事務局、システムの監査) 船長　■■■■ ■■■■ ■■■■ 担当者の名前を入れてください。
安全衛生目標 (3) 船内労働安全衛生目標	労災減少のために点検と改善の推進 年間目標です。1行でよいです。
活動計画 (実施頻度、時期) *書類は議事録、アクションチェックリスト、改善進め方シートは別途保存の事 *全員で安全点検を行うことにより、船員の意見の反映が促進されます。	・ミーティング (1回 ／(月)・年 8、9、10、11、12、1、2、3、4、5、) ・職場点検(チェックリストなど) (2回 ／月・(年) 6月、12月) ・改善の実施 (数回 ／月・(年) 適時) ・講習会 (1回 ／月・(年) 適時) ・災害発生時の原因調査及び改善手順 数字と○をつけてください。

活動内容の確認 *記録は別紙 同時保存	良くできた・ややできた・ややできなかった・あまりできなかった ・ミーティング (回 ／月・年) ・職場点検(WIBなど) (回 ／月・年) ・改善の実施 (回 ／月・年) ・講習会 (回 ／月・年) ・災害発生時の原因調査及び改善手順の制定 (備考) 実際にできたかどうか数字と，○をしてください。できなかった場合は，なぜできなかったか考えてみてください。
次の活動へ	(振り返り) 今年の実績を踏まえて，来年は何をしようか考えてみてください。 (良くすべき点)

様式５　議事録（例）

		備　考
日　時	平成　年　月　日 　　時　分～　　時　分	
場　所	本社　・　船舶　・　その他	
メンバー ◎記入者		
議　事	・連絡事項 ・検討事項 ・災害・疾病の有無の確認 　災害 　疾病 ・改善の進捗状況の確認	

（記入例）

		備　考
日　時	平成○年○月○日 △時　△分～　△　時　△　分	
場　所	本社　・　(船舶)　・　その他	
メンバー ◎記入者	○○船長　○○機関長 ◎海務担当　○○	
議　事	・連絡事項 再開防止のポスターを渡す インフルエンザ予防のパンフレット →船内に掲示をお願いする ・検討事項 ・災害・疾病の有無の確認 　災害 　疾病 　一人風邪気味　要　観察 ・改善の進捗状況の確認 階段の滑り止めの取り付け終了	

参考資料　1

みなさんが日ごろ感じている改善したい状況を，WIB チェックリストを使った船内点検の改善点から抜き出して，KYT（危険予知訓練）にも活用できます。

1．上の写真を見て，事故を防ぐためにどのようなことに気を付ければよいか，意見を出してください（WIB チェックリストの点検結果から，抜き出してみてください）。

2．1を防ぐためにどのような改善が必要か考えてみてください（WIB 改善すすめ方シートを活用してください）。

参考資料　2

WIBチェックシート，改善活動すすめ方シートで記入した改善点から抜き出して，自分の体験（目撃した事例も含む）ヒヤリとしたり，ハットした経験を具体的にご記入ください。

い　つ	年　　月
だれが	私・（　　　　）
どの場所で	甲板・機関室・居室
ヒヤリ・ハット経験	何に ぶつかりそう・滑りそう・ころびそう・落ちそう
どのような対策を行ったか （対策はフォローシートの項目参照でも可能）	
備　考	

2．WIB 方式の導入のメリット

・労働安全衛生活動の記録を組織的に残し，会社の管理責任を明らかにできます。
・社内外に対して取り組みをアピールすることができます。
・一般社団法人　自主改善活動協会によるサポート，認証制度があります。
・中小の事業者でも無理なく，効率的にシステムが運用できます。
・働く人の意識が高まり，労働災害の減少・疾病の減少が図れます。

写真５－１　WIB 船内向け自主改善活動マネジメントシステム計画書の掲示例

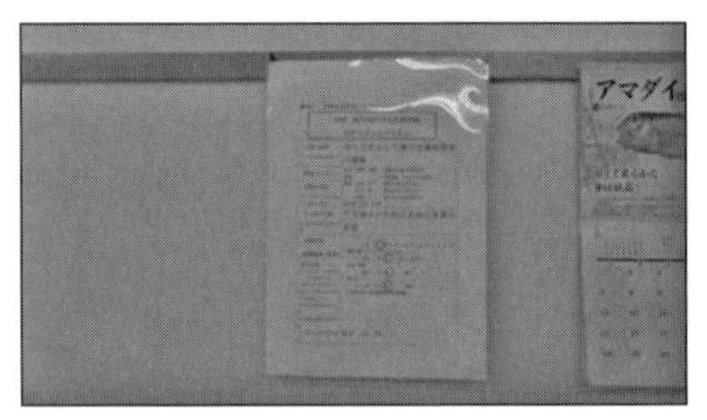

3．実施事例

現在，島根県の漁業会社が平成 27 年 3 月より取り組みをはじめており，計画をつくり，WIB 方式自主改善方式のリスクアセスメントを行い，毎月ミーティングを行って，着実に労働安全衛生を推進しています。船員に周知，徹底させるために，WIB 方式船内向け自主改善活動マネジメントシステム計画書を事務所に掲示するばかりでなく，船員が利用する船内のトイレにも貼り付けて意識の高揚を図っています（写真 5 － 1）。

WIB の普及のために，関係者により平成 26 年度より一般社団法人　自主改善活動を立ち上げて，さらなる普及活動を行っています。平成 28 年 4 月にはフェリー会社が WIB 式労働安全衛生マネジメントシステムの認証を受けました（またその成果をもとに，運輸安全衛生マネジメントシステムを形成しました）。

☆遠隔地で「自主改善活動指導員」の講習会を受講できない皆様へ

（陸上職員が訪船した際の説明資料）

船員向け自主改善活動（WIB）は，良い改善事例を参考にして，簡単なチェックリストで点検して，できることから改善を進めていく活動です。

訪船の際に資料セットを船に配布してください。

訪船した際に，自主改善活動のマニュアル（人数分），チェックリスト（人数分），改善活動すすめ方シート（数枚）を船に持参してください。

船長等に話をするときは，マニュアルは各自で読んでおいてください（10～15分程度で読み終わります）。特に良い改善事例のところは何が良いと思ったかを，船員自身で選んでください。

短時間でできるので，全員またはシフトごとにチェックリストで各職場を点検してください（船の大きさにもよりますが，これまでの経験から30分程度で終わります）。

甲板部，機関部ごとに，話し合って改善すべき点を改善活動すすめ方シートに記入してください。

４．船の点検のフォローアップ

① 次回訪船した際に，船長等から改善活動すすめ方シートを受け取り，説明を聞いてください。

② 記入されたチェックリストなどは，コピーをとり保管してください。安全活動をした記録になります。

③ 船主に持ち帰り，改善案を検討して，可能ならば，船主と話し合って必要な資材を手配してください。

④ 船で改善を行った時は「改善前」，「改善後」の写真などで記録を取ってください。

＊大規模な改善が必要な場合は，予算を確保してドック時などに実施してください。

第6章

WIB船内自主改善活動の効果

6.1　WIBの進捗

ILOの労働安全衛生マネジメントシステムを推進させるためのツール，「OSH Management System：A tool for continual improvement（労働安全衛生マネジメントシステム：持続的な活動のためのツール）」の11ページ「小規模事業」において，「中小企業向け自主改善活動（WISE），小規模農業向け自主改善活動（WIND），および商業労働貿易組合向け自主改善活動POSITIVEなどのトレーニングパッケージが，ILOによって広く開発されて，実行されています。」と記されています。WIBは，このWISEを基に船内向けに改善した日本発祥の労働安全衛生ツールです。

1．WIBの効果について

水産庁補助事業「安全な漁業労働環境確保事業」講習会では，漁業の労働環境の改善や海難の未然防止などの知識を持った「安全推進員」を養成しています。その中心に，参加型自主改善活動（POAT）をベースにした，WIB船内自主改善活動として，良い改善事例の紹介と選択，アクション型チェックリストと改善活動すすめ方シートの使い方などの講習，可能な時は船の点検を行っています。5年間で毎年500人計2,500人を養成する予定でしたが，平成25～27年度の3年間で北は北海道稚内市から，南は沖縄まで全国約70箇所で講習会を行い，約2,800人が安全推進員となりました。170隻が職場点検のワークショップに参加して，228 件の改善が提案されました。重点的に進んだ地域があり，島根約 200 人，岩手約 400 人が受講しました。特に，岩手県は 5 回の開催すべてで所管の労働基準監督署長が挨拶をして，WIB の活動を後押しして頂きました。さらに岩手県庁が 2 ～ 3 年の計画で良い事例のモデル化を進めて，WIB と並行して改善モデルの形成と啓発，水産物の付加価値向上を目指しています。

漁業カイゼン講習会について，参加者に講習会後に無記名によるアンケート調査を行いました。平成 24 ～ 25 年度の参加者のアンケート調査では，講習会の「わかりやすさ」では，「わかりやすい」が 83.4％，「わかりにくい」は 2.5％，「どちらでもない」は 14.1％でした。「役に立った（有効性）」は 87.6％，「役に立たない」1.5%，「どちらでもない」は 10.9％でした。

自主改善活動については（n = 951），「わかりやすい」，「役に立った（有効性）」は 87.6％，「役に立たない」1.5%，「どちらでもない」は 10.9％でした。自主改善活動については，「わかりやすい」が 83.5％，「わかりにくい」は 2.5％，「どちらでもない」は 14.0％でした。「役に立った（有効性）」は 85.7％，「役に立たない」0.9%，「どちらでもない」は 13.4％でした。

安全推進員の講習，自主改善活動のいずれにおいても「わかりやすさ」，「有効性」は高い値を示し，否定的な意見は少数でした。

講習会の後，参加者に実際に漁船の点検をして改善案を出すプログラムを 2014 年 8 ～ 10 月に 10 箇所で行いました。110 隻が参加して，228 件（平均して一隻あたり約 2.1 件）の改善案が提案されました。

提案された改善案を，「作業方法改善」，「設備改善」，「教育」，「安全確認の徹底」，「注意喚起」の 5 種類の対策に分類した結果（図表 6 － 1），「作業方法改善」10.6％，「設備改善」75.2％，「教育」3.1％，「安全確認の徹底」10.2％，「注意喚起」0.9％となり，設備改善などの実用的な改善が多数を占めました。改善内容から改善に必要な費用の概算を「費用がかからない」，「費用が 1 万円未満」，「費用が 1 万円以上」の 3 つに分類したところ，「費用がかからない」は 31.1％，「費用が 1 万円未満」は 29.7％，「費用が 1 万円以上」は 39.2％となり

図表６－１　改善案（事故対策案）の分析

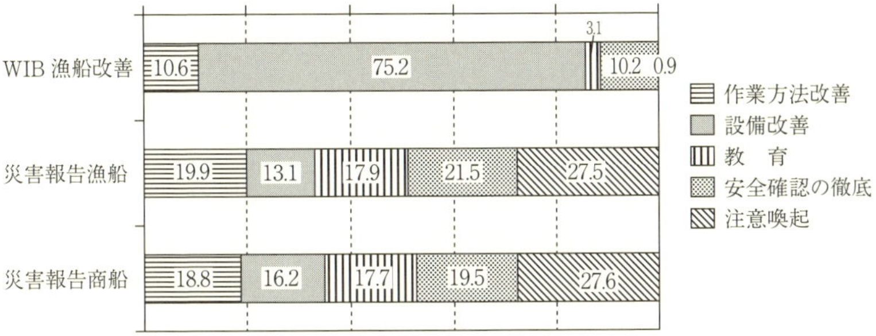

WIB 漁船改善
10.6
75.2
3.1
10.2
0.9
災害報告漁船
19.9
13.1
17.9
21.5
27.5
災害報告商船
18.8
16.2
17.7
19.5
27.6
作業方法改善
設備改善
教　育
安全確認の徹底
注意喚起

ました。

講習会の後も各地で自主的な改善が進められています。特に，岩手県漁連，岩手県労働局，岩手県定置網協会等の関係団体の協力の下，2014 年度で最も開催数，参加者数の多い岩手県では，各地で改善活動が行われています。さらに所管の労働基準監督署の指導のもと，「機械操業計画」などが提出され，着実に効果が表れています。図表６－２は青森県陸奥湾のホタテ漁船の改善例です。船上の照明を LED に変えることによって，足元が明るく作業しやすくなったとともに，燃費もよくなりコスト削減につながりました。

図表６－２　青森での具体的改善例

改善前
改善後
自主改善活動の成果
青森　ホタテ漁船のライトをLEDに変えたところ、前のライトは620Wでしたが、カイゼンしたところ356Wに削減でき、船上も明るくなり作業しやすくなった。
102

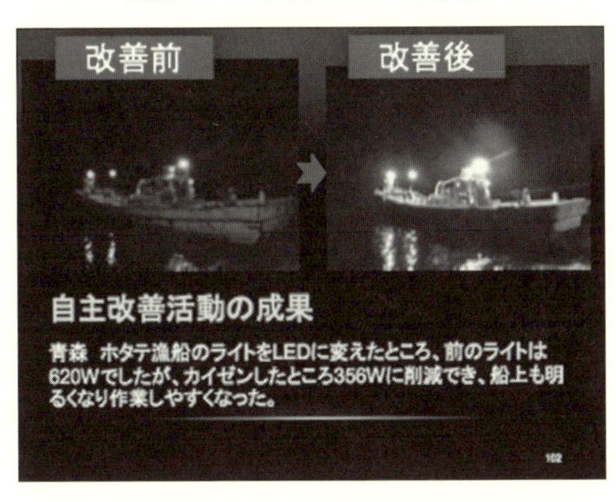

ま と め

ILO-OSH2001 に沿った自主改善活動 WISE は，建設業や農業を含めて各産業で国際的に成果を上げており，船内の労働環境の改善に役立てるため，このWISE の船舶へ応用するために WIB を開発しました。今回の国土交通省の安全衛生マネジメントシステムの検討とともに，実際の商船で活用できるか，商船で調査をしてその有効性を確認いたしました。

今回の活動によって，以下の効果が挙げられました。

① 職場の改善点（リスク）が明らかになりました。
② 短時間で効率よく改善に必要な項目と，その優先順位を挙げることができました（約 90 分のプログラム）。
② 記録を残すことにより，「改善すべき点」の情報を共有化できました。
③ 「改善すべき点」について，職場でどのように気をつけるべきか共通認識できました。
④ 全員が改善活動自体に対する意識が高めました。

一度 WIB のやり方がわかれば，次回からは自主改善活動の講習を受ける時間を減らせるので，一回当たり短時間（約 30 分～ 60 分間）で，チェックリストを用いた職場点検による改善が，必要な項目の洗い出し，改善活動の計画まで立てられることができます。なお，本プログラムで用いたアクション型チェックリストは 28 項目ですが，その職場に合わせて，チェックすべき項目の追加，変更をしていきます。また，定期的に自主改善活動の実施が必要です。

自主改善活動は，現場の船員の安全意識を高揚して，船内労働安全衛生マネジメントシステムにうたわれている「船内での危険要因の特定・評価（リスクアセスメント）」の船員の自主的な改善活動をサポートし，チェックリストを繰り返し活動することによって「3. 当該計画の実施状況や効果の確認」や,「改善措置の実施等を継続的に行う」などの項目を行うことができました。

「WIB 式船内労働安全衛生マネジメント」は,船社側は安全衛生目標や安全衛生計画を作成し,船員に対して安全衛生に関する教育・研修を行い,船内での危険要因の特定・評価（リスクアセスメント）をサポートしていきます。船員が自主的に改善活動をするためには,人件費,および必要な道具,資材の提供を行い,実施状況や効果の確認が必要です。これらがなければ,いくら現場から改善点が提案されても,船社側の理解と協力がなければ船員が継続的な改善活動を行うことができません。職場の労働安全衛生を進めるには,会社と船員が車の両輪のように,「船内労働安全衛生マネジメント」を理解し,協力し合って改善を進めていくことが必要です。そのために一般社団法人自主改善活動協会は,WIB 方式労働安全衛生マネジメントシステムのサポートと認証を行うことにより,さらなる普及を進めています。

今後は,自主改善活動を普及させることが必要です。WIB を活用することによって,労働安全衛生マネジメントシステムをすすめて,快適で労働災害のない職場の形成を願っています。

謝　辞

WIBを開発するにあたり，独立行政法人航海訓練所および，株式会社商船三井フェリー，日本財団などの関係する方々に感謝いたします。WIBの普及に協力をいただいております国土交通省海事局，水産庁企画課，一般社団法人全国漁業就業者確保育成センター，一般社団法人農政調査委員会をはじめ，実際に活用していただいている，船員，漁師の方々に深く感謝をいたします。

WIBの開発，および本書にあたり労働科学研究所の小木和孝様（元ILO労働条件環境局長）に大変なご支援，ご指導をいただきました。心より感謝いたします。

本書を発刊するにあたり，ご指導ご尽力いただきました，株式会社創成社，塚田尚寛様，武田早織様に心より感謝いたします。

久宗周二

参考文献

1）国土交通省海上技術安全局船員部『船員災害疾病発生状況報告（船員法111条）集計書』，2005年。

2）HISAMUNE, S.AMAGAI, K.KIMURA,K.KISHIDA,K., “A Study of Factors Relating to Work Accidents among Seamen”, Industrial Health,Volume44,Number 1, 2006.

3）伊勢谷祥三・平野研一・佐藤尚登「漁船STCW条約の発効の可能性と海技教育への影響」『海技大学校研究報告43』，pp.1-8，2000年。

4）久宗周二「安全職場形成のための自主改善活動の海上労働現場に関する実証的研究」『海上労働科学研究会資料第50号』，2006年。

5）久宗周二・藤江晋平・野田一樹・木村暢夫「安全職場形成のための自主改善活動の海上労働現場に関する実証的研究」『日本航海学会論文集No.115』，pp.141-146，2007年9月。

6）中央災害防止協会『実践！ 労働安全衛生マネジメントシステム～導入から認定取得まで～』中央災害防止協会，2008年。

7）中央災害防止協会『やさしい職場のリスクアセスメント　中小規模事業所での進め方』中央災害防止協会，2007年。

8）ILO（国際労働事務局）『人間工学チェックポイント』労働科学研究所出版部，1998年。

9）KAWAKAMI, T, KHAI, T., “Sharing Positive Experiences in Making Changes in Work and Life in a local district in Vietnam”, J. Human Ergol, No. 26, pp.129-140, 1997.

10）KOGI,K., “Advances in Participatory Occupational Health Aimed at Good Practices in Small Enterprises and the Informal Sector”, Industrial Health, No.44, pp.31-34, 2006.

11）TAKEYAMA, H. et al., “A Case Study on Evaluations of Improvements Implemented by WISE Projects in the Philippines”, Industrial Health , No.44, pp.53-57, 2006.

12）池田良夫・岸田孝弥他・放送大学教育振興会『応用人間工学』日本放送出版協会，1996年。

13）自治体労働安全『職場改善のための安全衛生実践マニュアル』労働科学研究所, 1999年。

14）久宗周二『海で働く人の改善活動ガイド』高文堂出版社，2003年。

15）久宗周二編『船員の健康づくり』高文堂出版社，2006年。

16）久宗周二『漁撈技術の評価と労働災害』ヤマカ出版，2008年。

17）国土交通省「平成 27 年度船員災害防止実施計画」。

18）国土交通省　平成 27 年度　海事レポート　http://www.mlit.go.jp/common/001011538.pdf

19）国土交通省　船員部会議事録　http://www.mlit.go.jp/common/001090361.pdf

20）水産庁　平成 25 年　水産の動向　http://www.jfa.maff.go.jp/j/kikaku/wpaper/h25_h/trend/1/t1_2_3_1_04.html

21）内閣府　平成 26 年度　交通安全白書　http://www8.cao.go.jp/koutu/taisaku/h26kou_haku/zenbun/genkyo/h2/h2s2_5.html

22）国土交通省　船員部会資料　http://www.mlit.go.jp/common/001081219.pdf

23）国土交通省海事局　船内の安全衛生マネジメントについて
http://www.mlit.go.jp/maritime/maritime_fr4_000008.html

付録1　船内労働安全衛生マネジメントシステムガイドライン・解説

1．ガイドラインの位置づけ

このガイドラインは，第9次船員災害防止基本計画に基づき，各会社が行う自主的な労働安全衛生管理に関する仕組みを示すものであり，船員法の規定に基づき船内作業による危害の防止及び船内衛生の保持に関し船舶所有者が遵守すべき具体的な措置を定めるものではない。

〈1の解説〉

このガイドラインは，各会社による自主的な安全衛生管理を進めるための手法であることから，個々の法令で要求される具体的な措置の遵守を求めるものでないことを明記したものです。

このガイドラインの内容は，法令や基準として定めることを意図したものではなく，法的な拘束力もありません。また，その適用において，認証行為や外部監査を要求するものではありません。

2．マネジメントシステム構築の意義及びガイドラインの目的

船員災害の防止を図るとともに，船員の健康の増進及び快適な作業環境の形成の促進を図るためには，会社が自主的に自らの財産である船員を危険から保護するよう事前に十分な予防措置を講じるとともに，船内の安全衛生水準を継続的にスパイラルアップさせていくことが重要である。このため，会社が船員の協力の下で，PDCA サイクルをベースとした船内の労働安全衛生マネジメント体制を構築していく必要がある。

このガイドラインは，船内の労働安全衛生に関する方針の表明，方針に基づく目標の設定，目標を達成するための計画の作成・実施及び運用，計画の実施状況等の定期的な点検・改善及びこれら一連の過程の見直しを継続的に実施す

る労働安全衛生管理に関する仕組み（船内労働安全衛生マネジメントシステム）について準拠すべき事項を定め，各会社における船内労働安全衛生マネジメント体制の構築を推進するための指針となるものである。

このマネジメントシステムは，各会社に導入され，船内労働安全衛生水準の向上に効果的な管理体制が構築されることはもとより，各会社において既に導入されている船舶の安全に関する管理システムと同時に運用されることにより，会社の安全文化の発展に相乗効果をもたらすことが期待される。

〈2の解説〉

このガイドラインは，会社が船内労働安全衛生マネジメントシステムを確立しようとする際に必要とされる基本的事項を定め，会社が船員の協力の下に行う自主的な安全衛生活動を促進し，船内の安全衛生水準の向上に資することを目的としています。

安全衛生水準を継続的・段階的に向上（スパイラルアップ）させていくには，会社のマネジメント体制にPDCAサイクル（計画を作成（Plan）し，それを実施（Do）し，評価（Check）して，改善（Act）に結びつけ，その結果を次の計画に活かす仕組み）を取り込んでいくことが重要です。

このガイドラインは，PDCAサイクルを活用し，労働安全衛生に関するマネジメントを実施するために必要な基本的な事項を網羅するとともに，船舶において実施することが可能なように配慮して作成してありますので，ISMコード等他のマネジメントシステムと併せてシステムが構築することができます。

このマネジメントシステムが船舶の安全管理に関するシステムと同時に運用されることにより，会社内でより効果的な安全管理体制が構築され，会社の安全文化の発展に大きく寄与することが期待されます。

船内労働安全衛生マネジメントシステムに関しては認証行為がありませんが，OHSAS18001やOSHMS等の労働安全衛生マネジメントシステムの認証を受けている等により，ガイドラインの内容を満たしていると考えられるものについては，このガイドラインに従ったマネジメントシステムを構築していると解されます。

このガイドラインに従った措置を講じる会社に対するメリットとして，現在，先進型船員災害防止優良事業主の認定の検討を進めているところです。

なお，ここでいう，「船員災害」とは，船員災害防止活動の促進に関する法律（以下「船災防法」という）に規定している「船員災害」（船員の就業に係る船舶，船内設備，積荷等により，又は作業行動若しくは船内生活によって，船員が負傷し，疾病にかかり，又は死亡すること）です。

３．適　用

このガイドラインは，すべての船舶に適用することができる。

〈３の解説〉

このガイドラインは船の種類や積荷，航行形態等にかかわらず，すべての船舶に適用することが可能です。システムを確立しようとする会社は，船舶の種類や運航形態等に応じて，会社にあったシステムを定める必要があります。システムは，会社の管理するすべての船舶を対象として定めるのが原則です。

４．用語の定義

（1）「会社」とは，船舶所有者又は船舶管理者若しくは裸用船者のようなその他の組織若しくは個人であって，船舶所有者から船舶の運航の責任を引き受けた者をいう。

（2）「総括安全衛生管理者」とは，船員災害を防止するための管理業務を総括管理するために会社から選任された者をいう。

（3）「船内労働安全衛生方針」とは，船舶における安全衛生水準の向上を図るために会社が表明する船内の労働安全衛生に関する基本的な考え方をいう。

（4）「船内労働安全衛生目標」とは，船内労働安全衛生方針に基づいて会社が設定する一定期間内に達成すべき到達点をいう。

（5）「船内労働安全衛生計画」とは，船内労働安全衛生目標を達成するために会社が一定期間内に船内で実施する具体的な事項，日程等について定める計画をいう。

（6）「船内労働安全衛生規程」とは，会社において定めた船内の安全衛生に関する規程をいう。

（7）「リスクアセスメント」とは，船員災害を生じさせる可能性がある物又は状況（ハザード）から生じる船員災害が発生する可能性とその結果発生する船員災害のひどさの組合せ（リスク）を評価する過程をいう。

（8）「リスク低減措置」とは，リスクアセスメントの結果得られたリスクを除去又は低減するための措置をいう。

（9）「緊急事態」とは，船員災害発生の急迫した危険がある状態をいう。

（10）「システム監査」とは，船内労働安全衛生マネジメントシステムに従って行う措置が適切に実施されているかどうかについて，船内労働安全衛生計画の期間を考慮して会社が行う調査及び評価をいう。

〈4の解説〉

これまでの船員法，船災防法及び関係法令で使用されていなかった用語について定義しています。船員法体系では，船員を雇用する者を「船舶所有者」と規定し，労働安全衛生に関する義務を課してきたところですが，このガイドラインの主要素であるリスクアセスメントに基づくリスク低減措置の実施のためには，船舶及び船内設備の改善要望を直接，保守・管理の責任を有する者に伝えるとともに，それを受けた者がそれを踏まえて適切に対応し，本船にフィードバックする必要があること，また，すでに導入されているISMコードと整合のとれた管理体制とする必要があることから，「会社」の定義を新たに設けています。

定義内容は，ISMコードの定義規定とほぼ同じにしてあります。ISMコードを取得している会社に関しては，その「会社」がこのシステムの「会社」になり，また，ISMコードを取得していない会社に関しては，実質的に船舶の運航の責任を引き受ける者がこのシステムの「会社」となります。

なお，船員法の船舶所有者に該当する者が船舶の運航の責任も引き受けている場合は，その者がここでいう「会社」に該当することになります。

「船長」及び「船員」については，特に定義規定を設けてありませんが，それぞれ管理する船舶に乗り組む船長及び船員を指します。したがって船員の範囲には，派遣中の船員も含まれます。

5．船内労働安全衛生方針の表明会社は，次の事項を含む船内労働安全衛生方針を表明し，船員及び従業員に周知する。

（1）船員災害の防止を図ること。

（2）船員の協力の下に，船内において安全衛生活動を実施すること。

（3）法又はこれに基づく命令，船内労働安全衛生規程等を遵守すること。

（4）船内労働安全衛生マネジメントシステムの実施状況の継続的改善を実施すること。

〈５の解説〉

船員災害防止のためには，会社自らの安全衛生に対する姿勢を明確にすることが必要であることから，会社が安全衛生方針を表明し，船員その他の関係者に周知させることを規定したものです。船内労働安全衛生方針は会社自らの安全衛生に関する基本的な考え方を表明するもので，船内労働安全衛生目標のもととなるほか，船内労働安全衛生マネジメントシステム全体を支える基礎となるものです。

方針が明確に示され，周知徹底されることにより，会社的な組織として機能し，労働安全衛生を確保するために必要な施策を推進することができます。

「周知」の方法としては，口頭，文書，電子メール等により伝達するほか，文書の掲示，コンピュータネットワークでの掲示等により，いつでも閲覧可能な状態にしておくこと等があります。

６．体制の整備

会社は，船内労働安全衛生マネジメントシステムに従って行う措置を適切に実施する体制を整備するため，次の事項を行う。

（１）船内労働安全衛生マネジメントシステムに係る人材及び予算を確保するよう努めること。

（２）会社と船舶との間の連携を図るため，船内の労働安全衛生状況を監視するとともに，経営責任者に直接接することができる総括安全衛生管理者を選任すること。

（３）船内において，船内労働安全衛生マネジメントシステムが適切に実施できるよう船長に対し必要な支援を行うこと。

（４）船内労働安全衛生マネジメントシステムを担当するすべての者の役割，責任及び権限を定めるとともに，船員及び関係する者に周知すること。

（５）船員に対して船内労働安全衛生マネジメントシステムに関する教育を行うこと。

〈６の解説〉

マネジメントシステムを実施し，適切に機能させるためには，人材及び予算の確保が重要です。

このシステムで要求される「総括安全衛生管理者」と法令で要求されている「総括安全

担当者」や「安全担当者」,「衛生管理者」,「衛生担当者」との関係を整理しますと,「総括安全衛生管理者」は本船に対し必要な支援を行う者で,原則として陸上におかれます。一方,常時使用する船員が100 人以上の船舶所有者は,船災防法第10 条の規定に基づき,船員の労務に関する業務を統括管理する「総括安全衛生担当者」を選任する義務があります。総括安全衛生担当者も通常陸上におかれますので,その者をこのシステムの「総括安全衛生管理者」として当てることができます。

また,会社の経営者は,総括安全衛生管理者を兼ねることができます。

このため,経営者が船長として船舶に乗り組む場合は,陸上にいる者を総括安全衛生管理者として選任する必要があります。なお,安全担当者,衛生管理者,衛生担当者は船内で業務を行うために指名される者で,このガイドラインに従って船内で実施される日常的な労働安全衛生活動を行います。総括安全衛生管理者の業務としては,各船舶の労働安全衛生水準向上のための指導,各船舶からの送付されるヒヤリ・ハット報告やリスクアセスメントの結果,船内労働安全衛生委員会の審議結果や改善要望等の情報の整理,経営責任者への進言,その結果の各船舶への通知,同種の船舶における船員災害,海難発生状況等の通報,訪船指導,健康キャンペーンの実施,船員災害発生時の監査等が考えられます。

会社は船内の労働安全衛生について,船長以下の乗組員に任せるのではなく,管理する船舶に対し,必要な情報を随時提供し,安全衛生水準の向上に努める必要があります。このため,会社は情報が船長を通じて船員に通知されるような体制を整備する必要があります。

船内の労働安全衛生に関する情報としては,他社の船舶で発生した事故情報,管理船舶で見られた「良い事例」や「悪い事例」,新型インフルエンザ等の疾病の流行状況等があります。

7. 船員の意見の反映

会社は,船内労働安全衛生目標の設定並びに船内労働安全衛生計画の作成,実施,評価及び改善に当たり,船内安全衛生委員会の活用等船員の意見を反映する手順を定めるとともに,この手順に基づき,船員の意見を反映する。

〈7の解説〉

船内労働安全衛生マネジメントシステムを運用していくことは会社の責任ですが,このマネジメントシステムを適切に運用していくためには,船員の参加,協力が不可欠です。

船員の意見を反映させるための方法としては,船員労働安全衛生規則に基づき設置された船内労働安全衛生委員会を活用するほか,本船の安全担当者,消火作業指揮者,医師,衛生管理者又は衛生担当者からの改善の申出,船災防法第11 条の安全衛生委員会等の船員代表が参加する安全衛生に関する会議の活用,総括安全衛生管理者が訪船しての意見の聴取等があります。

会社と船員が直接コミュニケーションを図ることはなかなか難しいので，会社は，目標の設定や計画の作成等様々な局面において船員の意見を聞くとともに，船内あるいは陸上で開催された労働安全衛生に関する会議の情報を交換する等により，船内での議論を活性化させるよう配慮する必要があります。

8．リスクアセスメント及びリスク低減措置の実施

（１）会社は，船員の就業に係るリスクアセスメント及びリスク低減措置の手順を定めるとともに，この手順に基づき各船舶において継続的にリスクアセスメントが実施されるよう確保する。

（２）会社は，原則として次に掲げる優先順位でリスク低減措置を決定する。

①　危険な作業の廃止・変更

②　安全装置の設置等の工学的対策

③　作業方法の改善，マニュアルの整備等の管理的対策

④　個人用保護具の使用

〈8の解説〉

リスクアセスメントはまず始めに初期調査として実施して，目標の設定に反映するという方法，あるいは，船内労働安全衛生計画の中の実施事項として実施する方法もあります。

リスクアセスメント及びリスク低減措置とは，「ハザード」を洗い出し，その中で重大な船員災害を起こす可能性の高い「リスク」について，設備の改修や作業方法の見直し，個人用保護具の着用等の措置を講じることにより，リスクの除去又は低減を図るものですので，その管理手順を事前に確立し，維持していくことが重要です。これらは，一般的には，①船内を数人で巡回し，就業上のハザードを特定する，②特定されたハザードによって生ずるおそれのあるリスクがどのくらいの大きさ，頻度で起こるかどうか見積る，③リスクを低減するために優先順位をつけ，どのようなリスク低減措置を講じたらよいか検討する，④優先度に応じてリスク低減措置を実施するという方法で進められます。

ハザードを特定する場合には，設備の取扱説明書や災害事例，ヒヤリ・ハット事例を用いるほか，安全パトロールによる船内点検や職場ミーティング，改善提案等の情報をもとに行います。また，船員災害防止協会発行のヒヤリ・ハット事例集やKYT イラスト集のほか，船員参加型自主改善活動（WIB）による改善事例等を活用するといった方法もあります。

リスクアセスメントは船舶毎に，船舶，船内設備，積荷による又は作業行動その他業務に起因するハザードであって，船員の就業に係るすべてのものを対象として行う必要があります。

ただし，明らかに軽微な負傷又は疾病しかもたらさないと予想されるものについては，リスクアセスメントの対象から除外しても構いません。

船舶の場合，気象や海象の影響を受け，「作業場の揺れ，振動」といったことが想定されるため，なるべく多くの機会をとらえて，継続的にリスクアセスメントを実施するのが望ましいのですが，毎日実施する必要はありません。最低限実施すべき時期としては，①船舶検査を受検後，初めて航行の用に供するとき，②設備を新規に備え付けたとき，③作業方法又は作業手順を新規に採用し，又は変更するとき，④労働災害が発生したときなどをとらえて実施するようにしましょう。

リスク低減措置を会社の決定に委ねてしまうと，個人用保護具の使用やマニュアルの見直しといった措置がとられ，本質的な改善が図られないことが危惧されます。リスクアセスメントは，本来，リスクを評価し，除去・低減するのを目的としており，そのためには根本的な対応をすることが重要です。このため，ここでは原則として，優先される順位を述べています。

しかしながら，①及び②の措置は，運航している船舶にとってすぐに実行することが難しいことから，原則以外の措置をとることも可能です。会社は，リスク低減に要する費用及び実施予定時期を勘案して，一定のリスク低減効果が図られることが期待できる場合には，優先順位が低いものを当面の措置として実施しても差し支えありません。ただし，この場合は，会社は，残存しているリスクに留意するとともに，船員に対して当面本質な措置をとらない理由及び改善時期・内容を提示する必要があります。

9．船内労働安全衛生目標の設定

会社は，船内労働安全衛生方針に基づき，船員災害の発生状況等を踏まえ，一定の期間を限り，船内労働安全衛生目標を設定するとともに，当該目標を船員及び従業員に周知する。

〈9の解説〉

労働安全衛生マネジメントシステムは自らが目標を設定して，それに向かって努力するもので，この目標は最終到達点ではなく，設定期間中の到達点を表すものです。

目標は，最初に設定する場合は，会社の過去の船員災害発生状況や同種の船舶の船員災害発生状況，本船の運航形態，船員数等を踏まえて設定するのがよいでしょう。2回目以降は，会社の安全衛生目標の達成状況やリスクアセスメントの結果といったデータの蓄積を活用して目標を定めましょう。

目標が達成された場合には，次回はステップアップした目標を設定し，継続的にレベルアップを図っていきます。

目標の期間は1年に限らず，船舶の運航形態や船舶検査の時期等を考慮して，数年間という定め方もできます。

目標は実際にどのくらい達成したのかという評価を容易にするために，「ゼロ災害」という理念型にするよりも，「船員災害の発生件数を○件以内にする」，「健康診断の結果，“所見あり”と診断された者の再検査率を100％にする」等，できるだけ数値で表すことが望まれます。

目標は，会社としての目標を設定するほか，それをもとにして船舶の種類ごと，あるいは個別の船舶ごとに設定することもできます。

10．船内労働安全衛生計画の作成

会社は，船内労働安全衛生目標を達成するため，一定の期間を限り，8．の実施内容並びに実施時期及び日常的な労働安全衛生活動に係る事項等を内容とする船内労働安全衛生計画を作成する。

〈10の解説〉

船内労働安全衛生計画は，船内労働安全衛生目標を達成するために具体的な実施事項と日程，担当者等を定めるものです。

「日常的な安全衛生活動」には，危険予知訓練（KYT），3S活動（整理，整頓，清掃），ヒヤリ・ハット事例の収集及びこれに係る対策の実施，安全衛生改善提案活動，ツールボックスミーティング，船内での血圧測定の実施，健康づくりのための体操等があります。

「期間」は，目標と同じく1年に限る必要はありません。

11．文書作成・管理

会社は，次の事項を文書により定めるとともに，適切に管理する。

（1）船内労働安全衛生方針

（2）システム担当者の役割，責任及び権限

（3）船内労働安全衛生目標

（4）船内労働安全衛生計画

（5）船員の意見の反映手順

（6）災害発生時の原因調査及び改善手順
（7）システム監査手順
（8）その他会社が必要と判断した文書
（9）上記（1）から（8）までの文書を管理する手順

〈11 の解説〉

この規定は，システムに関係する船員等への理解を深めるとともに，システムに関する知識を共有化することにより，システムに従った措置が組織的かつ継続的に実施されることを確保するため，安全衛生方針等を明文化することが必要であることから規定されたものです。

特に，陸上管理部門と船舶間の意思疎通は非常に大切なものですので，船員の意見の反映手順については，あらかじめ明確に定めておきましょう。また，文書は，関係する人が皆，内容を理解し，実行できるよう平易な表現で規定することが重要です。

「手順」とは，いつ，誰が，何を，どのようにするか等について定めるものですが，必ずしもすべて文書化しなければならないものではありません。必要なものを無理のない範囲で作成するようにしましょう。

「文書を管理する」とは，文書を保管，改訂，廃棄等することをいいます。管理の対象となる「文書」は，文章で記述されたものが必須ではありませんので，表やフローチャートを使って表現しても良いですし，電子媒体の形式でも差し支えありません。

他のマネジメントシステムに基づき，同様の文書を作成している場合は，このシステムの要件を満たすものであれば，このシステムの文書とみなすことが可能です。

12. 船内労働安全衛生計画の実施等

会社は，船内労働安全衛生計画が適切かつ継続的に実施する手順を定めるとともに，この手順に基づき，船内労働安全衛生計画が実施されるよう確保する。

〈12 の解説〉

手順には，安全衛生計画に基づく活動を実施するに当たっての具体的な内容の決定方法や経費の執行方法などが含まれます。

会社は，船内で適切に計画が実施されるよう船舶の運航計画等を勘案して，実施内容や実施時期を定める必要があります。

13. 緊急事態への対応

会社は，あらかじめ，緊急事態が発生した場合に船員災害を防止するための手順を定めるとともに，これに基づき適切に対応する。

〈13 の解説〉

船員災害を防止するための措置には，被害を最小限に食い止め，かつ，拡大を防止するための措置，各部署の役割や指揮命令系統の設定等が含まれます。

緊急事態が発生した場合に船員災害を防止するため，二次災害を含めて対応手順を定めておくとともに，緊急時に冷静に行動することができるよう定期的に模擬訓練を行うようにしましょう。

14. 船員災害発生原因の調査等

会社は，船員災害等が発生した場合におけるこれらの原因の調査並びに問題点の把握及び改善を実施する手順を定めるとともに，船員災害等が発生した場合には，この手順に基づき，これらの原因の調査並びに問題点の把握及び改善を実施する。

〈14 の解説〉

船員災害等には，ヒヤリ・ハット事例等が含まれます。

船員災害等の原因を調査したり，問題点を把握するためには，当該船員災害等の直接の原因の解明にとどまることなく，当該事象を引き起こすに至った背景要因を総合的に勘案する必要があります。人的な要因，設備要因，作業要因や管理要因についても掘り下げてみることが重要です。

15. 船内労働安全衛生計画の実施状況等の点検，改善

会社は，船内労働安全衛生計画の実施状況等の定期的な点検及び改善を実施する手順を定めるとともに，この手順に基づき，船内労働安全衛生計画の実施状況等の点検及び改善を実施する。

〈15 の解説〉

安全衛生計画が着実に実施されているかどうか，安全衛生目標は達成されつつあるかど

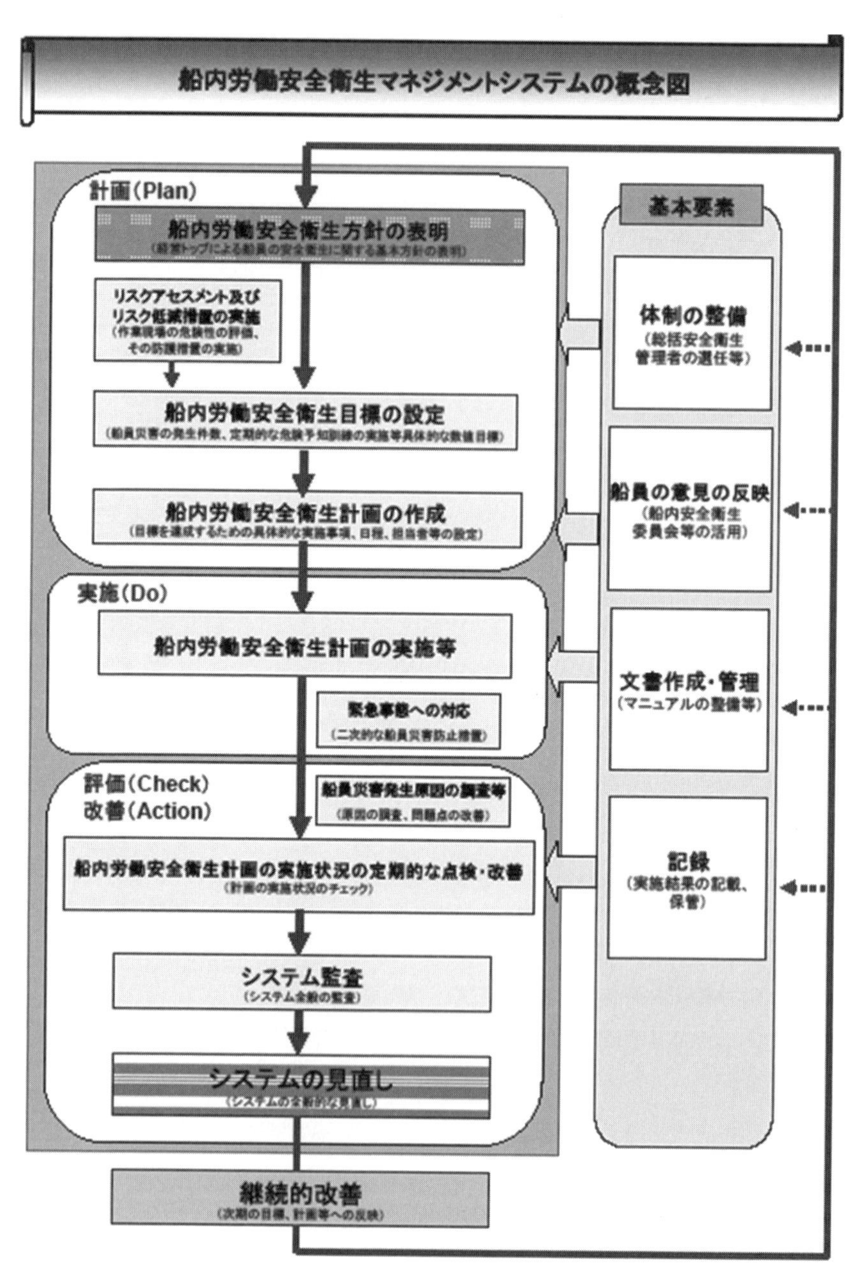

出所：国土交通省ホームページ　http://www.mlit.go.jp/common/001011500.pdf

うか等について，計画期間中の節目節目をとらえ，事前に予定した安全パトロールやリスクアセスメントの回数，改善提案の件数等を点検する必要があります。

点検により問題点が発見された場合は，その原因を調査し，次の安全衛生計画に反映させていく等改善していく必要があります。

16. システム監査

会社は，船内労働安全衛生マネジメントシステムが適切に機能していることを確認するため，定期的にシステム監査を実施する手順を定めるとともに，この手順に基づき，システム監査を実施する。

〈16 の解説〉

このシステムは外部認証を求めていないので，システム監査は，会社内部の監査として実施します。

システム監査は，文書，記録等の調査，船内労働安全衛生マネジメントシステムを担当する者との面談，船舶の視察等により評価します。

システム監査の実施者は，必要な能力を有し，監査の対象となる部署に所属していない等，システム監査の実施に当たって公平かつ客観的な立場にある者であることが求められます。

システム監査は，事前に１年に１回とか決めて実施する必要があります。

17. 記　録

会社は，次の事項を記録するとともに，当該記録を保管する。

（１）船内労働安全衛生計画の実施状況

（２）船員災害に関する報告

（３）システム監査の記録

〈17 の解説〉

マネジメントシステムに従って適切に実施したか実証するために必要な事項を記録し，保管する必要があります。

記録は，システムを適切に実施しているかどうかの客観的な証拠になりますので，後でまとめやすいように見やすい記録に心がけるようにしましょう。

記録は電子媒体の形式でも差し支えありませんが，記録を確実にするため，保管の担当者や期間をあらかじめ定めておく必要があります。

18. システムの見直し

会社は，システム監査の結果を踏まえ，定期的に船内労働安全衛生マネジメントシステムの全般的な見直しを行う。

〈18 の解説〉

見直しは，PDCA サイクルの「A」から「P」を結ぶ大切な局面です。

「全般的な見直し」とは，監査の結果を踏まえ，会社の安全衛生水準の向上の状況，社会情勢の変化等を考慮して，会社自らがシステムの妥当性及び有効性を評価し，改善の必要性を判断して，必要な改善を行うことをいいます。

見直しは，方針や各手順等システム全般を対象とします。

19. 継続的改善

会社は，船内労働安全衛生マネジメントシステムが適切に機能するように継続的に改善措置を行う。

〈19 の解説〉

船内の労働安全衛生水準の向上のため，継続的に改善していく必要があります。

付録2　2006年の海事労働条約（抜粋）

第4.3規則　健康及び安全の保護並びに災害の防止

目的　船内の船員の労働環境が職業上の安全及び健康を促進することを確保すること。

1　加盟国は，自国を旗国とする船舶の船員が職業上の健康の保護を与えられ，並びに安全かつ衛生的な環境の船内で生活し，労働し，及び訓練することを確保する。

2　加盟国は，代表的な船舶所有者団体及び船員団体と協議した上で並びに国際機関，行政機関及び海運業団体が勧告する適用可能な規範，基準及び指針を考慮して，自国を旗国とする船舶における職業上の安全及び健康の管理についての国内の指針を作成し，及び公表する。

3　加盟国は，関連する国際文書を考慮して，規範に定める事項を取り扱う法令その他の措置を制定し，並びに自国を旗国とする船舶における職業上の安全及び健康の保護並びに職業上の災害の防止のための基準を設定する。

第4.3基準（規範A）　健康及び安全の保護並びに災害の防止

1　第4.3規則3の規定に従って制定する法令その他の措置には，次の事項を含む。

（a）加盟国の旗を掲げる船舶における職業上の安全及び健康の政策及び計画（危険性の評価並びに船員の訓練及び教育を含む。）の策定並びに効果的な実施及び促進

（b）船内における職業上の災害，負傷及び疾病を防止するための妥当な予防措置（環境の要素及び化学物質の有害性にさらされる危険並びに船内の設備及び機関の使用から生ずる可能性のある負傷又は疾病の危険を減少させ，及び防止する措

置を含む。）

（ｃ）職業上の災害，負傷及び疾病を防止し，並びに職業上の安全及び健康の保護を継続的に改善するための船内の計画であって，船員の代表者及び当該計画の実施において関係するすべての者に関係し，予防措置（工学的な及び設計上の管理，共同及び単独の任務の過程及び手続の代替並びに個人用保護具の使用を含む。）が考慮されたもの

（ｄ）安全でない状態の検査，報告及び是正に関する要件並びに船内における職業上の災害についての調査及び報告に関する要件

2　1の規定には，次のことを含む。

（ａ）一般に職業上の安全及び健康の保護並びに職業上の特定の危険に関する関連する国際文書を考慮し，並びに船員の労働について適用される職業上の災害，負傷及び疾病（特に海上の業務に特有のものを含む。）の防止に関するすべての事項を定めること。

（ｂ）船舶所有者，船員その他の関係する者が適用される基準を遵守し，並びに十八歳未満の船員の安全及び健康に特別の考慮を払いつつ，船舶における職業上の安全及び健康の政策及び計画を遵守する義務を明確に定めること。

（ｃ）船舶における職業上の安全及び健康の政策及び計画を実施し，及び遵守することについて特別の責任を負うため，船長若しくは船長が指名する者又はその双方の任務を定めること。

（ｄ）船舶の安全のための委員会の会議に出席するため安全に関する代表として指名され，又は選出される船舶の船員の権限を定めること。当該委員会は，五人以上の船員を有する船舶に設置する。

3　第4.3規則3に規定する法令その他の措置は，船舶所有者団体及び船員団体の代表者と協議して定期的に検討するものとし，必要な場合には，職業上の安全及び健康の政策及び計画において継続的な改善を促進するため，並びに加盟国の旗を掲げる船舶における船員のために職業上の安全な環境を提供するため，技術の変化及び研究に考慮して改正する。

4　船内において作業場で危険にさらされることが受け入れられる水準並びに船舶の職業上の安全及び健康の政策及び計画の開発及び実施に関する適用可能な国際文書の要件を遵守することは，この条約の要件を満たしているものとみなす。

5　権限のある機関は，次のことを確保する。

（a）職業上の災害及び疾病の報告及び記録に関して国際労働機関が作成するガイダンスを考慮して，職業上の災害，負傷及び疾病が適切に報告されること。

（b）当該災害及び疾病の詳細な統計が作成され，分析され，及び公表され，並びに適当な場合には，一般的な傾向及び特定される危険における研究によって把握されること。

（c）職業上の災害が調査されること。

6　職業上の安全及び健康についての問題に関する報告及び調査は，船員の個人の情報の保護を確保するように作成され，及びこの問題に関して国際労働機関が作成するガイダンスを考慮する。

7　権限のある機関は，船内の特定の危険に関する情報について，すべての船員の注意を喚起するための措置（例えば，当該危険に関係のある指示を含む公の情報の掲示を行うこと。）をとるために船舶所有者団体及び船員団体と協力する。

8　権限のある機関は，職業上の安全及び健康の管理に関する危険性の評価を行う船舶所有者が，自己の船舶から及び当該機関が作成する一般的な統計から，適当な統計上の情報を参照するよう求める。

付録 3　船内での労働安全衛生の流れ

1．海上における労働災害防止に関する法整備の流れ

海上の労働に関する法律は明治 32 年，船員法や商法が制定されて，船員の保護監督を規定しました。昭和 22 年に船員法が全文改正されましたが，船内作業の安全衛生のための規則はまったく定められていませんでした。ようやく昭和 37 年船員法の一部改正により，一定の船舶については衛生管理者の選任が義務づけられました。さらに船内作業により危害の防止と船内衛生の保持を図るための必要な事項を定めることになり，昭和 39 年「船員労働安全衛生規則」が制定されました。そして「船員災害防止などに関する法律」が昭和 42 年 7 月 15 日に施行されて，この法律は船員災害防止計画を樹立し，船員災害防止を目的とする船舶所有者の団体による自主的な活動を促進するための措置を講ずる船員災害防止協会の設立等により，船員災害の防止に寄与することを目的としました。

この法律は，昭和 57 年 5 月に改正され，「船員災害防止活動の促進に関する法律」と改められました。また，施行規則も昭和 57 年 8 月に一部改正され「船員災害防止活動の促進に関する法律施行規則」となりました。この改正により，船舶所有者が船員災害防止活動のために果たすべき役割が明確となり，船内における快適な作業環境や居住環境の実現と労働条件の改善に努めることになりました。一方，船員は，その責務として船員災害防止に必要な事項を守るほか，船舶所有者その他の関係者が実施する船員災害防止に関する措置に協力するよう努めなければならないことが定められました。国は船舶所有者が行う船員災害の防止活動について，財政上の措置，技術上の助言，資料の提供，その他必要な援助を行うように努めることが規定されました。そして，国土交通大臣は，船員災害が頻発したり，大規模な船員災害が発生している船舶所有

者に対し改善計画の作成を指示できることとし，指示された船舶所有者は，労働組合の意見を聞いて計画を提出すること等が決められ，現在に至っています。

2．船員労働安全衛生規則の現状

船員の労働災害防止に最も関係の深い，船員労働安全衛生規則（平成7年8月1日改正）の中で特に船員の労働災害防止に関係の深い部分について現状の問題点を考えました。

ａ．安全担当者の業務

船員労働安全衛生規則第5条では，船舶所有者に対して，安全担当者を選任し，

・作業設備および作業用具の点検・整備

・安全装置，検知器具，消火器具，保護具等の点検・整備

・危険または有害な状態が発生，または発生するおそれがある場合の応急・防止処置

・災害が発生した場合の原因の調査

・作業の安全に関する教育・訓練

・作業管理に関する記録の作成および管理

を，行わせなければなりません。

一方，現状を見ると大規模な会社では安全管理委員会をつくり，委員会による定期的な設備点検を行い，問題点を指摘して，改善しています。また，定期的に安全教育研修会などを開催しています。しかし，従業員20人以下の会社の場合は，船長が安全管理者を兼任することが認められていることから，小規模な事業体になると，通常の業務に追われ，労働環境の整備が十分に行われない場合が考えられます。

ｂ．作業環境の整備，接触などからの保護

船員労働安全衛生規則第17条では作業環境の整備等として，設備，機械，

器具，用具などの整備をあげ，同第18条では接触などからの防護として，船舶所有者は，機械などの回転軸や運動部分には，囲い，おおい等を設けなければならないこととしています。

一方，現状を見ると，作業に追われて，整備などが十分に行われていない場合が多く，そのため，機関故障などの事故の発生数も多くみられます。係船や漁ろうなどで使われる巻き上げ機などにカバーをする場合，異物を挟んだ等の対応に手間がかかることが多いです。漁網を巻き上げ機器のコーンローラ等は回転部分に網を挟む作業があるので，カバーをつけると作業に支障を来すことも多いことから，おおい等の設備が実行されていないことがあります。

c．通行の安全

船員労働安全衛生規則第19条では通行の安全として，積荷，漁具等を甲板上に積載する場合の通路の確保と，通行する場合は保護柵の設置等をあげています。

一方，現状では，沖合底曳網船の動作分析を行うと，コット部をつり上げ時には，作業網の上を歩く行為も見られ，まき網船においてもコーンローラ，サイドローラを使用しての網締めの際は，巻き上げた網を足元に積み，その上で作業するなど，現状の作業方法では，通路の安全確保が難しい状況です。

d．経験または技能を有する危険作業

船員労働安全衛生規則第28条に，ラインホーラなどの機器を業務で扱うには，6カ月以上従事した経験が必要としています。一方，現状を見ると，これらの機械を操作する技術を6カ月という期間で十分に身につけられているのか，検証する必要も考えられます。

e．漁ろう作業

船員労働安全衛生規則第57条では，漁ろう作業が行われる場合は，船舶所有者に対して，

・作業開始前に，作業に使用する機械，用具等の点検

・甲板上で作業を行わせる場合には，作業従事者に命綱または作業用救命衣の使用

・作業従事者との連絡のための監視員の配置
・作業現場付近に，救命浮環等の用意
・漁具を海中へ送り出し，または巻き込む場合の漁具には，身体を触れさせない・またがせない等のほか，作業従事者以外は近寄らせないこと
・ドラムの回転または索具の走行を人力で調整する作業従事者の服装は，袖口，上着の裾等注意
・刃物，釣針等危険な用具は，みだりに放置しない
・甲板上の血のりの清掃について，適当な措置を講じること

一方，現状を見ると，巻き込みをしている漁具には，身体を触れさせることに禁止となっていますが，ドラムエンド，サイドローラ，コーンローラなど回転体にロープや，漁網を挟み込む作業では，回転する機械に接近をして作業をすることが多く見られます。船のローリングなどで，姿勢を崩した際，作業者の身体が回転体と接触し事故が発生する危険があります。さらに，現在の合理化された漁船の中では，複数の作業者で作業をしていても，一人の作業者に何らかのトラブルがあった際，非常停止ボタンの不備などにより，すぐに機械を停止して助けにいけない状況も多いので，どのような方法をとれば事故が予防できるかを検討する必要があります。

f．現状の問題点

船員労働安全衛生規則の内容を見ると，作業者は，労働災害発生要因に対して，防護，不接近，回避が規定されており，実際に規則が守られていれば，労働災害の大部分は防げると考えられます。しかし，現実には労働災害は数多く発生しており，現場では規則が守られることができないさまざまな要因があります。そのためには，現場の船内作業を分析し，船員労働安全衛生規則を適用させる際の障害を考えた上で，適用していかなければなりません。具体的には，実際の船の中でどのように作業が行われ，どのような危険があるかを調べ，それに船員労働安全衛生規則に則った対策を適用する際，作業上，管理上，どのような問題点があるかを考えて，その解決策を考えていくことが必要です。これらの施策を，船種ごと，地域ごとに考えていかなければ効果が出に

くいと考えられます。そのためにはWIB船内向け自主改善活動を取り入れて，船員自らが改善を進めることが，労働災害を減らすための有効な手段です。

３．海上における労働災害防止の推進活動

ａ．船員災害防止計画

「船員災害防止などに関する法律」（現在「船員災害防止活動の促進に関する法律」）は，船員災害防止計画を作成し，船員災害防止を目的とする船舶所有者の団体による自主的な活動を促進するための措置を講ずる船員災害防止協会の設立等が規定されています。

船員災害防止計画には，船員災害防止計画と船員災害防止実施計画があり，両計画とも国土交通大臣が船員中央労働委員会（現交通政策審議会海事分科会船員部会）の意見を聞いて策定しなければなりません。基本計画は，５年ごとに，船員災害の減少目標，船員災害の防止に関して重点を置くべき事項，船員災害防止のための主要な対策に関する事項その他船員災害の防止に関し重要な事項を定める年次計画です。

＜船員災害防止の基本となるべき事項＞

第１次船員災害防止計画（昭和43年～47年）においては，安全衛生意識の高揚を図ること，船員災害防止教育の実施，船内作業の環境整備，船員災害防止体制の整備，船員災害の原因究明をあげています。

第２次基本計画（昭和48年～52年）においては，フール・プルーフの観点により作業環境の改善，安全衛生教育の徹底，船内環境条件，危険有害貨物，導入される新技術などの災害発生に及ぼす影響とその対策を挙げています。

第３次基本計画（昭和53年～57年）においては，環境条件や船員の不安全行為の改善，作業の標準化，手順化を新しい項目としてあげています。

第４次基本計画（昭和58年～62年）においては，自主的な船員災害防止対策の実施，快適な作業環境・居住環境の整備，安全衛生教育訓練の強化をあげて

います。

第5次基本計画（昭和63年～平成4年）においては，自主的な船員災害防止対策の推進，本質安全化の積極的推進，労働環境の変化に対応した安全衛生対策の強化，災害多発業種等に対する安全対策の充実強化，指導体制の機能の強化をあげています。

第6次基本計画（平成5年～9年）においては，従来の基本的な災害防止対策のほか，漁船および汽船（中小船主）における死傷災害防止対策の推進，中高年船員の死傷災害防止，疾病予防および健康増進対策の推進，外国人船員の混乗化に関わる安全衛生対策の推進などをあげています。

第7次基本計画（平成10年～14年）においては，自主的な船員災害防止対策の推進，安全衛生教育訓練の充実，死傷災害・疾病予防対策および健康増進対策などをあげています。

第8次基本計画（平成15年～19年）においては，自主的な船員災害防止対策の推進，安全衛生教育訓練の充実，死傷災害・疾病予防対策および健康増進対策等の推進，などをあげています。

第9次基本計画（平成21年～25年）においては，総合的・計画的な対策の推進としては，自主的な船員災害防止対策の推進，安全衛生教育訓練の充実，死傷災害・疾病予防対策および健康増進対策等の推進，死傷災害に係るリスク低減対策の推進，国等による取り組みの推進を挙げていた。特に死傷災害に係るリスク低減対策の推進では，船内での危険要因の特定・評価（リスクアセスメント），安全衛生目標や安全衛生計画の作成・実施，当該計画の実施状況や効果の確認とさらなる改善措置の実施等を継続的に行う手法（以下「船内労働安全衛生マネジメント」という）の導入がより効果的であると挙げています。

b．船員災害防止協会の活動

船員災害防止協会は，政府が作成する船員災害防止計画に即応して，船舶所有者，その他団体が行う船員災害防止活動の促進，教育および技術的援助のための施設の設置・運営，災害防止規定の設定，技術的事項の指導・援助，船内作業に必要な機械器具の試験・検査，船員の技能講習，情報資料の収集・提供および調査・広報などの業務を行っています。

船員災害防止協会の調査研究としては，以下のものが挙げられます。

①　指導要綱の作成

1）海中転落防止指導要綱の作成

昭和47年度船員災害防止実施計画において，主要対策の中に，国は船員災害防止協会に対して海中転落災害等特定の多発災害の防止のための指導要綱の作成を促進しました。海中転落災害が多発している，かつお・まぐろ漁業および底びき網漁業をはじめ，各種の漁業における海中転落災害の原因をヒヤリング調査により，転落時期，原因，転落場所などを分析しました。適切な防止対策を確立し、昭和48年3月に「漁船の海中転落防止指導の手びき」を作成して，関係団体，漁業者などに配布，周知しました。

2）すり身工船事業員安全指導要領の作成

すり身工船のすり身製造工程における事業員の災害が後を絶たない状況を鑑み，労働災害の発生を防止するための安全指導要綱の作成をして実地調査を経て，「作業安全の手引き—船内すり身工場用」を作成し，関係会員に配布しました。

3）災害事例の分析

災害事例の収集として，災害事例を分類整理分析して，「船内の労働災害とその防止対策（商船編）」，「船員災害事例集（漁船編）」を作成して配布しました。

②　製品の開発

1）かつお釣り保護面の開発

かつお・まぐろ釣り漁船における釣り針による目の災害が昭和40年代の後半に急増し，しかも7割が失明になっていることから，安全帽に取り付ける顔面ネット保護メガネの開発を行い，実船テストを繰り返して実施して改良を重ね，昭和53年2月に開発を完了し協会の認定品として普及に努めました。昭和54年6月，船員労働安全規則の一部が改正され，釣り竿を用いて漁ろう作業に従事する漁船船員に着用が義務づけられました。

2）漁船員の安全確保のためのイマーションスーツ等の実船着用テストの実施

昭和60年に入ってから第71日東丸（転覆，6名死亡7名行方不明），第16琴島丸（転覆，11名死亡），第52惣宝丸（転覆，2名死亡18名行方不明）等の漁船の転覆による海難事故による重大災害が相次いで発生しました。これに対応して運輸省では，漁船の安全対策の強化が図られ，（社）日本造船研究協会の受託事業として，30総トン以上のはえなわ，刺網，まき網，底曳，遠底，かつお・まぐろ，いか釣り等の漁船280隻，船長および乗組員5,000人を対象として，船舶の構造，救命いかだ，海中転落，作業用救命衣，安全等に関する教育訓練などをアンケート調査しました。昭和63年からはイマーションスーツを実船に配布し，着用テストとともにアンケート調査を行いました。

索　引

ナ

ハ

ヤ

ラ

《著者紹介》

久宗周二（ひさむね・しゅうじ）

1964年横浜市生まれ。高崎経済大学経済学部卒業，日本大学大学院生産工学研究科博士前期課程修了，北海道大学博士（水産科学）取得，海上労働科学研究所主任研究員，八戸大学准教授を経て，現在高崎経済大学経済学部教授（産業・組織心理学・労働安全衛生），東京女子医科大学看護学部兼任講師，独協医科大学看護学部兼任講師。

国土交通省船内労働マネジメントシステム検討会座長代理（2008年），水産庁ライフジャケット着用推進ガイドライン研究会座長（2008年），群馬県貨物自動車運送適正化事業実施機関評議委員会委員長（2008年），八戸市障害者計画策定委員会委員長（2005年）。国土交通省交通政策審議会海事分科会船員部会公益委員（2012年）。

〈主要著書〉

2003年『海で働く人の改善活動ガイド—船員労働災害の分析と対策—』（高文堂出版社）
2006年『船員の健康作り』（共著）（高文堂出版社）
2007年『実践　産業・組織心理学』（創成社）
2008年『漁撈技術の評価と労働災害』（ヤマカ出版）
2008年『実践　よくわかるバリアフリー』（ヤマカ出版）
2011年『実践　参加型自主改善活動』（創成社）
2012年『マンガでわかる　街角の行動観察』（創成社）

（検印省略）

2016年4月20日　初版発行　　略称 — 参加型すすめ

参加型自主改善活動のすすめ

—自主的な労働安全衛生の実施を目指して—

著　者　久 宗 周 二
発行者　塚 田 尚 寛

発行所　東京都文京区春日2-13-1　株式会社 創成社

電　話03（3868）3867　FAX03（5802）6802
出版部03（3868）3857　FAX03（5802）6801
http://www.books-sosei.com　振替00150-9-191261

定価はカバーに表示してあります。

ISBN978-4-7944-2476-1 C3034
Printed in Japan

組版：トミ・アート　印刷：エーヴィスシステムズ
製本：宮製本所
落丁・乱丁本はお取り替えいたします。